游老师近照

济公剧照（1985年）

游老师夫妇与国学大师南怀瑾（中）

话剧舞台上的游老师(左)
和许晋杭(右)

全国政协常委、中国佛教协会会长
学诚法师(左),莅临话剧现场,
登台开示

游老师生活照

01　游老师与女儿游思涵

02　游老师夫妇与孙女的合影

03　游老师的孙女在舞台上

茗山长老题"以文艺化导人心"

梦想永远不会太晚

"济公"游本昌的智慧人生

许晋杭／著

人民日报出版社

图书在版编目（CIP）数据

梦想永远不会太晚 / 许晋杭著. -- 北京：人民日报出版社，2018.3
ISBN 978-7-5115-5390-4

Ⅰ.①梦… Ⅱ.①许… Ⅲ.①游本昌—传记
Ⅳ.①K825.78

中国版本图书馆CIP数据核字（2018）第059488号

书　　　名：梦想永远不会太晚
作　　　者：许晋杭

出 版 人：董　伟
责任编辑：袁兆英
封面设计：李　荣

出版发行：人民日报出版社
社　　　址：北京金台西路2号
邮政编码：100733
发行热线：（010）65369527　65369846　65369509　65369510
邮购热线：（010）65369530　65363527
编辑热线：（010）65363105
网　　　址：www.peopledailypress.com
经　　　销：新华书店
印　　　刷：北京紫瑞利印刷有限公司

开　　　本：710mm×1000mm　1/16
字　　　数：253千字
印　　　张：16.5
印　　　次：2018年4月第1版　2018年4月第1次印刷

书　　　号：ISBN 978-7-5115-5390-4
定　　　价：42.00元

推荐语

游老先生的表演让人看了非常触动,他主演的《弘一法师——最后之胜利》这台话剧具有重大的历史意义和现实意义!

全国政协常委　中国佛教协会会长
——学诚法师

游氏杰作,誉满神洲;德艺双馨,济世为公!

——六小龄童

少年时看过电视剧《济公》,我就一直把游本昌老师当作"鞋儿破、帽儿破"的济公本尊。后来有幸邀请到游老师在我的电影《刀见笑》中出演"送你一把开心刀"的遁世高人唐胖子,我深感他对表演的专业和专注,为人的温暖与谦和。游老师的经历就是"人戏合一"的修行之路,祝幽默智慧、自然自在的游本昌老师艺术生命常青!

——乌尔善

游老师的经历是给怀揣梦想的年轻人的字字箴言,也是对我们演员晚辈的鼓励和鞭策。读完这本书以后,我更加相信,只要有梦想,永远不会太晚。向一直坚持梦想,坚持艺术追寻的游老师致敬!

——黄渤

没有人见过风的模样
每当树枝摇曳
水波涟漪
或炊烟袅袅
浮云飘过
我们才知道风一直都在
从未离开

我心目中的游本昌老师就是这般来去无踪却又无处不在。生活中的游老师深居简出,但他塑造的经典荧幕形象却深埋每一位观众的心底,这是演员的最高境界,游老师是真正伟大的艺术家。

——胡歌

尊者不以圣贤自居

郭德纲

令人尊敬的老艺术家游本昌先生出书了，我不敢说写点什么，只是想表达一下心情。

在中国，没有人没看过老爷子演的济公，基本上，济公这个形象已经和先生合二为一了。八十年代，十几岁的我如痴如醉地看着电视剧《济公》，那时候，觉得这个济公就是先生本人。虽然在先生之前，戏曲里出现了很多唱济公的名家，在先生之后，也有大批的影视明星演绎过这个角色。但是，没有用。一提济公，人们只会想起游先生。这不是普通的成功，因为不是每个演员都能如此，这是表演的最高境界。

时光荏苒，我终于在节目现场见到了先生，一个和蔼可亲的老爷子，散发着温暖的佛系老人。当时有个电视剧找我演济公，其实我心里是很纠结的。游老爷子倒是很热情地劝我，并且说当年舞台上的济公都是胖子，不必顾虑等等。但我心里明白，有您这座高峰在，根本没有攀爬的机会。那次聊天，印象深刻。老爷子给我的感觉就是那句古话：尊者从不以圣贤自居。

虽然生活中接触您不多，但是我通过网络也了解了先生的经历。那么多的不如意，那么多的琐碎，他老人家都笑着走过来了。可见，不争就是慈悲，不辩就是智慧，不闻就是清净，不看就是自在。

先生的新书即将出版，我作为后生晚辈，顶礼焚香，郑重推荐。同时借元杂剧的几句话：撇下这人相我相众生相，出离了生况死况别离况。驾一片祥云，放五色毫光，唱道是佛在西天，月临上方，才得你一缕阴凉，和桂影长相向。

惟愿先生福寿安康，诸事顺遂。

戊戌春月

目录

引子 / 001

作者自序 / 002

前奏：最强龙套

- 三年半没开窍 / 002
- 演员是挨骂的职业 / 005
- 母校四年，受用一生 / 007
- 命运的转折：第一代"北漂" / 009
- "佐料"演员 / 011
- 总有一天，我要演你这个角色 / 013
- 蹉跎十年 / 014
- 精神力量：偶像 / 016
- 演小角色的大演员 / 017
- 中国第一台哑剧 / 021

爆发：济公出世

- 机遇来了 / 028
- 全力以赴 / 032
- 只有长期积累才能偶然获得 / 033
- 演济公耗尽我一生所学 / 035
- 取精华，去糟粕 / 036
- 你们就真打吧 / 038
- 天公为你作美 / 040
- 做人类的工程师 / 042
- 万人空巷 / 045
- 济公度人 / 048
- 一块哈达换来的续集 / 051
- 这才是济公精神 / 055

奋斗：卖房做话剧

- 为什么做《弘一法师》/ 062
- 普及基础上的提高 / 067
- 人生要享有权，不要占有权 / 069
- 三层楼 / 073
- 花开了 / 077
- 这是一部觉性的戏剧 / 079
- 意外骨折 / 085
- 手术 / 087
- 煎熬的一夜 / 090
- 你们帮我成长 / 092
- 带伤排练 / 094
- 伤后首演 / 096
- 人人为我，我为人人 / 098
- 弘一和济公 / 101

信仰：演员的诞生

- 备课 / 104
- 天哪！全额退还学费 / 106
- 改变基因 / 109
- 教学耐心 / 111
- 结业啦 / 114
- 十八里中学演讲：再见，未来的艺术家们 / 118
- 柏林寺演讲：永远做小学生 / 123
- 热爱心中的艺术，而不是艺术中的自己 / 125
- 警惕影视病 / 127
- 不要在相上学，要跟着心走 / 130
- 三位一体 / 132
- 刻板化表演 / 137
- "对不起，是我没教好你，是我无能" / 140
- 心理行动线—高层的心理表演技术 / 142
- 戏前戏 / 145
- 消除你的紧张感 / 147
- 记住你的最高任务 / 150
- 集中你的注意力 / 155
- 你得对角色有创作的态度 / 156
- 形体 / 158
- 做一个性格演员 / 161
- 喜剧是最高层的艺术 / 164
- 对舞台怀有虔诚心 / 167
- 演员，需要积累 / 168
- 演员的形象 / 171
- 演员就得挨骂 / 174
- 一人千面 / 177
- 戏比天大：重伤也不下火线 / 179

晚年：时间的朋友

- 怀念总理 / 182
- 金婚 / 185
- 游老师的传家宝和终身成就奖 / 186
- 一息尚存，坚持不懈 / 188
- 健康护法 / 191
- 蛋糕风波 / 193
- "都演到 83 岁，这是我给你们的下限！" / 196
- 互联网大门初开 / 200
- 辟谣 / 203
- 毕业 60 周年同学会 / 205
- 微博超级红人节 / 207
- 网络红人 / 209
- 艺无止境 / 211
- 致敬老师 / 213
- 艺术家的高度 / 215
- 文化部宣讲 / 217
- 签一个名，十分钟 / 223
- 卖别墅，做话剧 / 226
- "与自己的无知做斗争" / 227
- 一个大家庭 / 229
- 成长，不是自己的事情 / 231
- "贵重物品，交由你保管" / 234
- 暖男 / 235
- 当艺术家，不要当明星 / 236
- 演员的艺德和使命 / 238
- 公益 / 240

后记 / 242

引 子

2016年，安徽卫视国剧盛典颁奖典礼现场，群星毕至，星光璀璨。

主持人们对到场嘉宾进行了随机的介绍和调侃，嘉宾们也应景地或肃穆而坐，或点头问好，或微笑致意，或做几个搞怪的表情，皆博得了现场粉丝的欢呼。

当张国立先生念到一个人名时，镜头扫到了一位精神矍铄的老者，他眼神坚毅又温和，笑容开朗且温暖，只见他蓦然起身，转身双手合十朝右边的观众鞠躬，旋即转至身后，再向身后的观众鞠躬致意。现场响起了比先前更热烈的掌声和欢呼……

这一晚，这位老者上了微博热搜，成了网络红人，并不是因为他获得了国剧盛典所颁发的殊荣，也不是因为他在观众心目中"济公"的经典形象，而是因为他老当益壮、老而弥坚的拼搏精神，因为他身上闪耀的老一辈艺术家所独具的坚韧、勤奋、谦逊的光辉。

当舞台星光退去，掌声寥落，让我们来重新审视一下这位"身上有着岁月的痕迹，但却跟岁月做成朋友"的老者，你自己可能感觉对他很熟悉，但一旦你真的进入到他的世界，你才知道，你或许对他一无所知。

他就是，游本昌老师。

—— 自 序 ——

这个世界上,人人都有梦想。但梦想成真者,寥寥可数。

绝大多数人的梦想还没启航,便深陷生活的泥淖,终其一生,都挣扎地和生活做着斗争;少数人能够有幸摆脱俗世枷锁,但在其欲振翅搏击长空之时,才惊觉自己已垂垂老矣,日迫西山;但这个世界上还存在着这样一种人,就像众星被漆黑混沌的夜空隐遁之时,却总有几颗孤星独火在黑暗中闪耀。他们珍稀、孤独、执拗,却能够刺破现实与黑暗的围剿,见到灿烂朝阳裹挟着云霞烧红整个天空。

我的恩师,游本昌老师就是这样的人。

2013 年,我刚刚加入游老师的剧团。在此之前,我对老师的了解,和大家一样,也都仅仅局限在,八十年代,火遍全球的"济公"形象上。

初到剧团,我还是一个二十岁出头的小青年,刚刚遭遇完层叠而又坚实的社会壁垒给我带来的创痕,迷茫又无助。游老师给我带来了曙光。在听他第一次讲课的时候,我深感醍醐灌顶,茅塞顿开,对未来又重新燃起希望,我赶忙打开本子,拿笔认真记下他的每一句话,以此作为我日后前行的动力。

老师的话,深刻、独到、富有哲理,这可是经过漫长岁月洗礼才能体悟到的人生经验的总结啊！所以，每一字经他说出口，就仿佛砸在了我们心间，发出铿锵的回响。

从小，无论老师家长怎么教，我都没有养成记日记的习惯，到了游老师这儿，我却不由自主地记起了日记，并且是随时随地记，生怕错过一句话。

在剧团的这五年里，我对游老师有了颠覆性的认知。

剧团的排练，从未因为风霜雨雪有一次作罢。游老师已经八十多岁了，他竟然也跟二三十岁的我们一样，所有排练全勤，一场不落。

老师毕竟年事已高，并患有严重的骨质疏松症，在表演和排练过程中伤筋动骨那是家常便饭，但他每次都会为了话剧表演采取只有青壮年的身体才吃得消的治疗方式，他为了表演艺术，忍受了太多太多。

后来，除了游老师的学生这一身份外，我还担任了剧团的经纪人，从而有更多的机会与游老师朝夕相处，知悉他的往事，聆听他的教诲。这也使得我有幸能看到绝大多数人都没法了解到的真实的游老师。

战火连年，国难深重，老师少年立志，要殒身报国；

青春年华，他没有等来机遇，等来的是漫长的龙套生涯和尴尬处境；

困则思变，他在绝望之中创作了中国第一部哑剧，奠定历史；

触底反弹，济公一角让老师火遍大江南北，从此名扬海内，声动九州；

老师从未利用自己声名追名逐利，而是急流勇退，以自己全部的精力践行茗山法师对老师"以文艺化导人心"的重托；

他晚年卖房做话剧，尽己所能做公益，一心为此燃尽自己余生……

这些才是游老师真实的样子，但是谁又能知晓呢？

我把这些都记录下来，无论巨细，记满了十几个笔记本。

有一天在排练厅，游老师对演员在话剧表演中的不足进行了剖析，由于老师所讲内容充分而且细致，等到排练结束，大家都已经去吃饭了，我还忙着把老师说的话往笔记本上整理。

游老师走过来，仔细看看我记录的内容后，说："当年斯坦尼斯拉夫斯基的学生就是把自己跟老师相处的故事用日记的方式记录下来，最后整理成作品。你好好写，以后你也可以出一本书。"

我深受鼓舞，暗下决心："老师，我会努力的！"

游老师是我演艺事业上的恩师，是我人生道路上的指路人，他和夫人杨惠华阿姨，伉俪情深，一起经历了几十年的风风雨雨，在人生的暮年，依然带领着剧团行走在"以文艺化导人心"的道路上，这背后的行路有多难多艰辛，只有他们自己最能体会。但他们从不对外言说，甚至都不对我们言说，只是默默地为我们撑起一片朗朗晴空。

2017年12月，河北卫视《中华好家风》节目组邀请游老师带着自己的家人参加节目。老师的家人没有出镜的习惯，所以老师选择带我前去。

节目录制前，我们在化妆间休息，游老师看我在认真准备台本，他严肃地叮嘱了我一句："待会儿上台后，有什么说什么，千万不要对我吹捧。"

我笑着说："一定把我这些年在老师身边感受到的，跟大家真实交流。"

彼时彼刻，我的内心很温暖，老师品性高洁，从不追名逐利，投机钻营。

当年，他宁愿在剧团跑几十年的龙套，也不屑与其他人一样阿谀奉承。如今，在北京房价已经达到十几万一平的时候，他宁可卖掉自己的房子，去做弘一法师话剧，也不愿低三下四，向人低头。

他最爱陈毅元帅的一首诗，在人生困顿的时候，总是独自吟诵。

"大雪压青松，青松挺且直，要知松高洁，待到雪化时。"

这不就是游老师一生的写照吗？！

我不愿意让老师的事迹风过无痕般消失在岁月淘洗之中，所以，我耗费经年，几易其稿，才有了这本书的诞生。我想让更多人知道、懂得老师的不易和艰辛，给更多人还原一个本本真真的"济公"游本昌。我想让老师不仅给我们，还能够给更多人带去力量！

不要向命运低头！去吧！去追梦吧！只要心中有梦想，一切都不会太晚！

谨以此书献给我最敬爱的恩师——游本昌老师。

学生　许晋杭

前奏：最强龙套

梦想永远不会太晚
"济公"游本昌的智慧人生

QIANZOU ZUIQIANGLONGTAO

岁月的动荡是无情的，命运的凌虐更是残忍的。它们都冰冷地从一个怀有梦想的青年演员最宝贵的青春时代碾压了过去。

01

三年半没开窍

舞台上的灯光迷离而又梦幻。

青年演员们神情专注,情绪饱满。他们一个个似乎沉浸在自己的世界里面,和现世之间有了一种朦胧的恍惚。

"不行!停下来!状态完全不对!**你们的表演没有生命力啊!**"
一位老者的声音遽然响起,平地似是起了一声惊雷,击碎了演员们的幻梦,他们停了下来,面面相觑,神色失落,目光最后汇聚到台下的老者身上……
他双眉紧蹙,面色凝重,身形清癯精瘦,眼神里似乎闪烁着光芒……

"表演里有个术语叫作'匠艺'。什么叫作'匠艺'呢?简单来说,就是刻板化,一味机械地模仿过去的东西和技巧,自己却没有思考,没有融入角色,这样的表演只能说是机器人,怎么会有生命力呢?你们的表演就是如此!"老者摆摆手,示意青年演员们围坐在一起。

这些朝气蓬勃的年轻人,毕业于艺术院校,心高气傲,被老者训了之后,神情沮丧,一点儿也打不起精神,他们听从老者的安排,围坐到了一起。

看到大家情绪的变化,老者走到大家中间坐下,一改之前严肃的神情,温和地说道:"大家用不着消极,这没什么,只不过是一个学习过程。我当年就读于上海戏剧学院的时候,前三年半都没开窍!"

"什么? 大学四年,前三年半都没开窍? 您不是在跟我们开玩笑吧?"一位男同学发问。

"是啊,我整整三年半都不懂得什么叫表演。"

"老师,您可是游本昌,大家公认的老戏骨。"一位女生一脸惊诧。

"但当年我是跟你们一般大年纪的小娃娃啊! 当时教我表演的老师啊,都说我模仿能力不错,演什么都还可以,但是就是不灵。在苏联专家来给我们上课之前,我也跟你们一样,一直沉浸在自以为是的表演状态中,以为这就是表演,但是其实根本不明白自己在舞台上'要干吗',只是照葫芦画瓢地瞎演一通。"

"您不是很有模仿力吗? 为什么三年半还没有开窍呢? 俗话说,'熟读唐诗三百首,不会作诗也能吟',只要模仿力很强,再怎么表演也不至于很差吧。"女生接着问。

"根本原因在于,我的有机天性没有被解放!"

"有机天性?"大家都很好奇,突然来了兴致,他们第一次听说这个名词。

"你们上学时应该做过一些练习,有很多艺术学院的老师一开始上课会让大家做解放天性的练习,比如说学狗叫,学猫走路……其实单纯去做这些表面的东西,是解放不了有机天性的。真正的有机天性,应该是要打开你的五觉,也就是视觉、听觉、嗅觉、味觉和触觉。"

"啊?"学生们听得有点迷糊,这跟学校里老师教的解放天性,完全不是一个概念啊!

"假如你要演一只狗,那么你能不能从狗的自我出发去感受你现在眼前所看到的一切,即使你眼前空无一物;你能不能感受到你所吃食物的味道,即使你手上什么东西也没有;你能不能听到附近的声音,即使周遭一片寂静……这就是有机天性！"游老师说话的时候，时空似乎都静止了，年轻演员们瞪大双眼，这是他们在学校从未听过的表演理念。他们一个个精神抖擞，渴望游老师给他们继续讲下去，大家仿佛进入了一个全新的认知世界里。

"有了基本的感觉还只能是第一步，更重要的是，苏联专家给我们带来了两大宝贝：**最高任务和贯穿动作**。"

两个词，八个字，一下子就砸进了所有人的耳朵里。

游老师站了起来，边说边在形体上做出适宜的表演："当时我正在演《心防》（夏衍剧作）中的反派倪邦贤，在第二幕中他兜售一个阴谋计划，我认为这个角色既然是一个反派，当然应该批判，所以演得油腔滑调，导演朱端钧教务长给我的评语是'浮光掠影'（意即形式主义），但是如何才能解决表演上的问题，我却茫然不知。此时苏联专家列普柯芙斯卡娅的到来和她所带来的创作方法一下子解决了我在表演问题上三年半的苦恼。她明白地指出，你不能把'我是坏人'写在脸上，因为生活中的坏人绝不是这样的，在这幕剧中你要让大家相信你说的是一个非常好的计划，其结果的反差才会如生活中揭露了一个坏人那样，让人们大吃一惊！这才是我们演员的责任。等我再表演这个角色的时候，就放下了'我是坏人，我是反派'的意识。把这个计划作为自己的行动任务，描绘成一件好事使大家相信。我的表演也带动了在场其他同学的感觉，他们也真的相信了这个计划。我的这段台词说完后，娄际成同学所扮演的正面人物开始揭露'我'（倪邦贤）的阴谋。接着是他揭露阴谋的一大段台词，这个过程中，作为'我'（倪邦贤）这个人物，始终在真听、真看、真感受，并下意识地流露出一些形体姿态。此时我听到教务长朱端钧在导演席上大声说：'倪邦贤现在的形体自我感觉对了。'"

—— 演员是挨骂的职业 ——

看着青年演员们从一开始被训后的沮丧，到听完故事之后的情绪缓和，游老师会心一笑："我的老师列斯里是苏联的艺术家。他来中国给我们上第一节课的时候就告诉我们，'演员是挨骂的职业'。所以我从来都不怕别人骂我，而且我还喜欢严格的导演，**越骂我越高兴，我的骨气越硬！**我在大学时期也是个自尊心非常强的人，可是后来我一想，因为他骂到我的要害了我才能进步呀，他骂我，我应该高兴才对呀！而**那些一天到晚什么问题都提不出来的导演，其实是没有水平的，**演员在他们手上，只会安逸直至退化，根本得不到进步！如果大家只想听好话，我想这个舞台也不适合大家！"

这段话给了在座所有的演员们激励，他们全部振奋起来，一扫先前阴霾。

"你们现在太幸福啦，物质生活、精神生活都这么充裕，更应该珍惜目前的学习机会，如果连别人的批评都接受不了，那你们怎么在艰苦的条件下创作呢？我以前从未跟别人讲过我的故事，因为过去的就过去了，我不希望让别人认为我是一个喜欢发牢骚的人。但是今天，我希望可以把我的经历分享给你们。"

青年演员们屏息凝神，他们看着游老师，他的目光突然间变得深邃起来，神思好像回到了那个战火纷飞的年代。

游本昌老师1933年出生于江苏泰州，江南地区富庶，人杰地灵。父母对他寄予厚望。然而，有人说他活不过十三岁，只有皈依佛门才能逃命过一劫。父母害怕，在游老师六岁的时候，把他送到上海法藏寺，拜兴慈法师为师，法号乘培。

20世纪30年代，中华民族遭受日寇蹂躏，战火连天。在动荡之中，游老师先后在上海、南京等地辗转求学。他目睹满目疮痍，深知国难深重，他那时就树立了远大的梦想：好好学习，报效于国。

在那个年代，人的性命如蝼蚁一般卑贱，连人权和性命都没法保住，学习条件何等艰苦啊！但是在那个艰难的岁月里，就是有无数的志士仁人，抛头颅，洒热血，献出自己宝贵的生命，为了中国人民的自由而殉身。

游老师说到动情处，青年演员们感同身受，如今幸福生活来之不易，学习条件相比于战争年代无比优越，更应当珍惜机会，勤学苦练，砥砺前行。

—— 母校四年,受用一生 ——

漫长的抗战与内战结束后,迎来了和平年代。1952 年,游老师进入上海戏剧学院表演系学习。

但是他前三年半着实没开窍,直到在学校最后的半年,他才有幸得到苏联专家的指导,这是游老师一生当中最难忘的时光。

那些醍醐灌顶,让游老师清醒地意识到最后的这半年所学将会在今后影响到他的一生。他告诉自己一定要好好努力,一定要在毕业的最后一刻,为自己的大学生涯画上光辉的句号!受到苏联专家的影响后,他积极参加各个社团,看了很多的理论书和演员自传,对苏联的电影和演员名字倒背如流。

那段时间他拼尽所有,在自己状态不好的时候依旧坚持训练。有时候甚至累到直接睡在排练厅。

天道酬勤,最后的毕业考试,他拿了第一名。

1952 年—1956 年是游老师在上海戏剧学院读书的四年,当时正是院系调整后,学校以"中央戏剧学院华东分院"为名的四年。前三年在横滨桥,后一年在华山路。

"孩子们,我毕业后六十多年的艺术生涯,所创作的每一部作品、塑造的每一个角色,运用的都是刚才跟你们讲过的当年在大学时期学到的表演方法——'最高任务和贯穿动作'。母校四年,受用一生啊!正是因为母校的栽培,毕业后,我才被分配到了中央实验话剧院,成为一名演员。

母校教给我的,不仅是专业知识,还有作为一个演员的自我修养和习惯的坚持。"

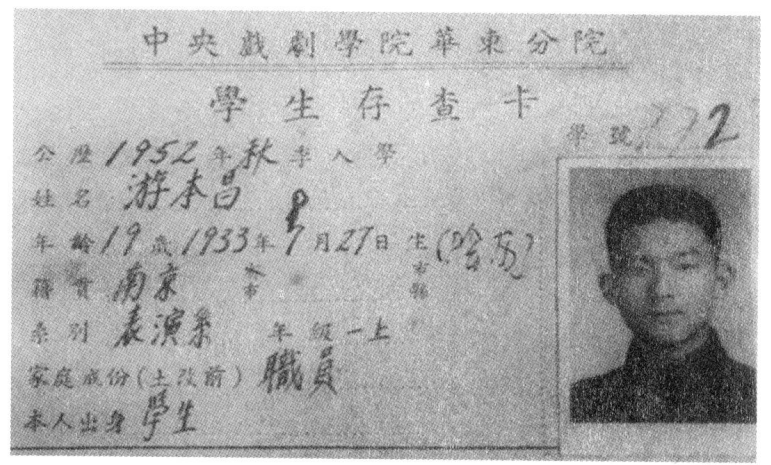

直到毕业六十多年后的今天,游老师依旧坚持当年在学校的训练习惯,每天都起来练功,再去吃早饭。他认为,练声和练形体要像洗漱一样每天坚持。把自己的身体打开,吸收天地精华!

"作为一个演员要时刻准备着。**一天不练自己知道,两天不练老师知道,三天不练观众就知道了!**"这种几十年如一日的坚持,使得他现在以86岁高龄依旧能在舞台上演满2个小时。

"现在国内年过80还依旧活跃在话剧舞台上的,上海一个,北京一个。"游老师说:"在北京的是我,在上海的是国家一级演员娄际成,第六代电影导演代表人物娄烨的父亲。娄际成是北京人,却在上海演了50多年戏。我是在上海学的知识,后来却到北京发展了。前几年我在上海演出的时候还特地请他过来看呢,看完之后他还给我提出了许多意见,这种感觉真好!"

"你们要珍惜现在优越的学习机会,要感谢那些给你们提出批评意见的人。这都将让你们受用终生。"

—— 命运的转折：第一代"北漂" ——

很显然，在青年演员们的心中块垒烟消云散之后，游老师就点到为止，没有继续长篇大论地讲他的故事。在看到自己拼搏奋斗的经历已经激励到学生们并帮助他们重拾信心后，他鼓励大家继续排练。

然而，游老师所讲的故事是有所择选的，他略去了很多自己的挫折和苦难。

而这些真正略为灰暗的故事，即便我作为艺术团的经纪人、助理、学生，拥有多重身份，也只是曾经在很偶然的机会下，才听到游老师讲起，有些故事，他讲过一次之后，便再也没讲过了。

学生们知道游老师由于自身的勤奋刻苦，以满分的成绩毕业，被分配到中央实验话剧院任演员。但是这背后的波折和辛酸却有几人知晓呢？

1956年，中央实验话剧院才刚刚成立，是现在中国国家话剧院的前身。首任院长是中国话剧事业奠基人之一、著名戏剧家和教育家欧阳予倩。建院之后，话剧院需要招收演员，但是当时中央戏剧学院没有毕业生，所以院长就带着孙维世导演来到上海戏剧学院考察毕业生。

这样的举动，可以理解为"微服私访，暗中选拔"。

当时游老师所在的班级正在排练毕业大戏《一路平安》，在此之前，游老师已经被确定分配到贵州工作，大戏结束之后就要离开上海。

没想到，这次孙维世导演的微服私访，改变了这个不起眼的毕业生的人生轨迹。

"当时他们来也不张扬，就是慢慢地暗中观察。我们谁也不知道他们这些人是谁，要来做什么。但是我就是守住我的表演工作。从下午进到剧场的时候，我就认真对待这里的每一分钟。化好妆后更是要进入好角色，准备登场。在台上的每一分钟，都要执行好自己的最高任务，在台上真看、真听、真感受，不要有其他的杂念。我始终记住老师告诉我们的话，**一个优秀的演员，处理一场戏不要从故事开始时开始，也不要在故事结束时结束。而是要从始至终贯穿在角色的感觉里**。"游老师后来才跟家人说起这段故事。

剧院来的小组成员台前看完了还要去幕后看，前前后后不断地反复观察，这是一次规格非常高的暗中选拔。观察结束后，一行人最终开会决定，选中游本昌同学和另外一位同学一同前往北京，进入中央实验话剧院！

正值青葱年华的游老师得知自己被选中的消息后，久久不能平静，跑回宿舍，通知另外一位被选中的同学，俩人激动地拥抱在一起。这一刻，游老师知道，自己的演艺梦想将要延续，并且充满更多可能性了！

本来命运的安排是要去贵州的，但是因为这一次全神贯注的演出过程，游老师的命运被彻底改变了。

"已经发生的事情，一定是必然的。还没发生的事情，一定是可以改变的！"

游老师由此成了新中国培养的第一批青年演员。伴随着国务院的特批文件，游本昌老师被写进中国话剧的历史！时至今日，游老师依旧在为中国话剧事业发挥余热，贡献自己的力量！

——"佐料"演员 ——

初到话剧院的时候,游老师是一个非常不起眼的演员。

"那个年代,讲究高大全,我的身高不够,形象比较瘦,不够饱满,这些都是客观条件。用京剧的行话来说,就是里子演员,不是面儿上的演员。既然是里子演员,那我就要争取做一个硬里子,我当时对自己的评价就是我好像上菜似的,**我不是那个肘子,也不是那个黄鱼,我是那个佐料**。谁叫我先天条件非常不好,跟其他人比起来实在是差太多了。如果把当年的我放在现在的艺术学院选拔,我连门槛都摸不到。"

因为条件差,很多事情就会被压制,用游老师的话来说就是"干这个也不让干,干那个也不让干,处处不得志"。

游老师经过一番坎坷,被打击的他坚决不认命,意志从未消沉,而是把自己定位为"佐料演员"。

"我不是大鱼大肉,我只是一个不起眼的配角。被吹刮走了都不会有人注意。但是我问我自己的内心,我到底还做不做演员呢?

做!因为除了这个,我想不到其他喜欢的东西。

我那时候看了很多关于励志的东西。看完别人的表演,才意识到自己的能力跟别人的差距,才知道自己要更加努力。"

那段时间,别人都有资格在排练厅排练,游老师却只能在旁边看老演员排练。但是当别人在玩儿、在休息的时候,游老师同样很用功。

就是因为他不断地看，这才无形中锻炼出游老师毒辣的看戏能力。

用当年话剧院同事的话来说就是："从游本昌的脸上，就可以看出台上人的戏怎么样。谁的戏好，好在哪儿，不好，不好在哪儿，都躲不过他的眼睛，全部写在他脸上。"

直到今天，游老师的眼睛在艺术领域里都容不得沙。每当演员们在跟他对戏的时候，但凡有一丝刻板化、程式化的眼神，等待他们的，一定就是他的一番艺术"教育"。

—— 总有一天，我要演你这个角色 ——

即使被打击了无数次，游老师依旧没有气馁。如今的他每当回忆起那段故事的时候，他总会笑着说："这个是逆增上缘。我还真是要感谢那段时间的积压。如果没有那段时间的积压，哪能把我的潜力都激发出来呀！既然我认定自己是'佐料'演员了，那我就得接受这个身份，扮演好这个角色。"

有一次在排练厅，看着剧院的主力演员李丁走出来，游老师就走上前跟他说："总有一天，我要演你这个角色。"

李丁打量了一下站在面前的游本昌，说了一句："他（手指着旁边一位演员）可以，你不行！"说完他就离开了。

游老师一个人待在排练厅，心里充满着挑战和斗志，只因为自己说过的那一句话："总有一天，我要演你这个角色！"

然而，跑了多年龙套的游老师没有等来角色，却等来了浩劫。

蹉跎十年

历史的洪流突然间呼啸而至，一下子把他裹了进去——"文革"开始了。

游老师等到的不是角色，是下放。

"文革"期间，他做了许多跟演员毫无关联的事情。

"但就在那个时候，我也没有忘记过我是演员，有时候在劳动之余，在地头上，晚上农民集会了，站在炕头，人家喊老游给演个节目吧，那我就演。"游老师说。

岁月的动荡是无情的，它残忍地从一个演员最宝贵的青春时代碾压过去了。从二十多岁到四十多岁，游老师的黄金艺术生命就这样流走了。他曾经感慨："大的形势让你不得已，这个是所谓的共业，大的潮流是这样的，但是你可以有你自己的头脑，有些事情能干，有些事情不能干，一方面你可以服从它，但是服从的同时你得有脑子，这就行了。"

对于自己在特殊历史时期遭受的劫难，游老师不愿多提，他不对亲友提，也不在讲课的时候对学生讲，跟其他人不同的是，他不控诉时代，也不怀疑国家。"这个是大的形势如此，你是无能为力的，但是你总要积极面对，就算是我体验生活了。"

正是前半生的一再耽搁，才促使如今的他在后半生更加珍惜，更加努力。

"毕竟'文革'浪费了很多年，之所以我还能够干到八十多岁，就是因为我没有忘了我是一个演员，所以在那个年代，我仍然在积累，仍然在学习着，这也是命运的问题，是如何对待这个命运的问题。"

—— 精神力量：偶像 ——

我问游老师："在我们遭受深重苦难的时候，要凭借什么支撑下去呢？"

游老师说："首先，你心中得有梦想；其次，你心中得有一个偶像，这是你的精神力量。"

"那您的偶像是？"

"梅丽尔·斯特里普，盖叫天，梅兰芳……"

"梅丽尔·斯特里普，15次入选奥斯卡最佳女主角，2次夺得最佳女主角称号，真的是演什么像什么啊，我对她除了佩服，就是佩服。盖叫天，人称'江南活武松'，全身上下都是戏，当年他的表演是一票难求，为了看他，我可是费尽了周折啊……梅兰芳大师，是真正的大师啊！他的表演是活生生的，是大师级别的！有一次演出，梅兰芳按照剧情发展，伸手一指戳到跪在面前的俞振飞额头上，不料俞振飞失去重心，顺势身体向后倒，而俞振飞这一倒不是之前剧情规定的……大师的表演往往是能适应任何突发情况的，只见梅兰芳赶紧又用双手去扶住他，让他免于摔倒……即兴一扶，这样伟大的戏剧处理，成了后来大家津津乐道的经典桥段！大师如果没有元素的话，能行吗？

这些还都是一部分，还有很多苏联的电影实力派演员，他们的名字，到现在我都记得很清楚。我当年就告诉自己，我也要努力成为像他们一样优秀的人。

你知道吗？在我几十年前曾经遭受命运的苦难时，我崇拜的很多人都给了我强大的精神动力。这帮我很好地应对了当时所面临的困难并最终战胜它。"

—— 演小角色的大演员 ——

"文革"之前，因为孙维世导演的赏识和提携，游老师还是得到过启用的。

孙维世是中央实验话剧院总导演，周恩来总理的义女。她同时也是新中国戏剧奠基人、新中国三大导演之一。孙维世导演是一个非常有才，并且爱才的人，看人看得非常准。"文革"还没开始，剧院一切正常的时候，她经常给青年演员来一些"措手不及"的任务。

有一次剧院在排练《大雷雨》，周期已经进入尾声。那一天，游老师照样在旁边看戏，没有上场机会。排练结束之后，孙维世导演走过来对他说："小游，明天看你的鲍里斯！"

"啊？！我？"

"对！"

"我行吗？"

"你！明天！就看你的鲍里斯！"

这可是男一号的角色啊，让一个龙套演员来演，这样求之不得的机会对游老师来讲真是莫大的荣幸，也是巨大的挑战！

孙维世导演既然敢让游老师演，那就一定有她的道理和信心，她也坚信游老师一定不会让她失望。

那天，游老师生怕辜负了总导演的一份期待，为了准备第二天的鲍里斯，他在什刹海度过了一个终生难忘的夜晚——记台词、走调度、整理行动线、琢磨人物心理……在什刹海一遍遍排练着内容。

第二天,《大雷雨》五幕戏连排,游老师饰演的鲍里斯全部戏份拿下,贯穿到底!一点问题都没有!

"虽然最后我没有去演这个角色,但是那段回忆是我终生难忘的快乐。"

最后,在这部戏里,游本昌扮演的仅仅是一个龙套农奴。

他的命大概就只能到龙套这儿了。

因为饰演的是一个老农奴,所以游老师看了很多相关方面的书籍来了解当时的背景,为自己的角色创作打下基础。

"在农奴心中,农奴觉得女主人卡杰林娜对他实在是太好了,有什么好吃的都留给他吃。最后女主人自杀了,农奴在最后一场戏走过场的时候,看着茫茫的大海,在大幕拉上之前,想起卡杰林娜对自己的恩情,想想社会的现实,最后流下了无可奈何的眼泪。"

一个短短的过场,一句台词也没有,留下了一段经典的表演。

演出之后,《人民日报》报道说:"这是一个经典的龙套!"

"我的脑子里装着规定情境,戏里的情境在我心中发生了。我演配角也是有信心的。你要问我为什么演配角也会这么有信心,那是因为,**我在配角上下的功夫,要比主角下的功夫还多**。"

为了演好这个龙套，游老师看了19本书。只有这样，他才能确定这个龙套该怎么演，才能知道这个老农奴的穿着打扮、衣食习惯、心理逻辑。

作为一个龙套，最后时刻在台上流下了符合角色、符合剧情的眼泪，这是难能可贵的表演体验。那个时候游老师还专门写了一篇感悟作为自己进步的经验总结，名字叫《我也可以在舞台上掉眼泪了》。

正是因为游老师擅长在舞台上走逻辑行动线，每时每刻都在舞台上行动，而且在舞台上行动之前自己在背后已经做足了功课，下了百分之百的功夫，所以游老师也被大家公认为是孙维世的代表型演员。这对于一个演员来说，是无比的美誉。

这段故事，经常被游老师拿来当成教导学生们的经典教材。他对当下许多年轻演员，经常乱挑角色、嫌弃龙套角色、非一号不演的各种现象嗤之以鼻。

"没有小角色，只有小演员！"

游老师认为现在的演员，花了太多的时间在包装、出名、应酬上面，没有把工夫下在点上。真正有一个好的角色让你把握的时候，你根本都把握不住，只能去大概齐演一个样子，但是根本都不出彩。

"现在你们到了一些剧组里，如果分配给自己小角色，你也要把他当成主角来创作和准备。只有你现在举轻若重了，以后碰到真正的大角色你才能举重若轻。不然以后机会来了，真正到了硬碰硬的时候，你抓都抓不住！

我这个人很挑角色，一定要跟这个角色有缘才上。而且我要认为我能驾驭这个角色。与其演一个主角平平淡淡，不如演一个配角大放光彩！这个角色要么我不抓,我一抓住,那么对不起,我就要放光了!"

还记得游老师曾经跟李丁老爷子放出的那句话吗?

"总有一天,我要演你这个角色。"

故事的结局是,游老师用了没多久的时间,真的就演了那个角色。而李丁老爷子看好的那个演员,一直都没有出现在该角色的饰演名单上。

余林曾在 1973 年这样评价过游老师在戏剧方面的能力:"游本昌是一个演小角色的大演员。"

—— 中国第一台哑剧 ——

"文革"结束了。

游老师回到了中央实验话剧团,但他的生活依旧没有转机,甚至长年遭到压制。

游老师"喜欢创新",但原本倾向提拔新演员且和游老师同有求新精神的孙维世导演,在"文革"中被迫害致死。这让游老师在剧院的处境举步维艰。

"当时是分配任务,导演喜欢哪个,他就让谁演。我虽然适合,那我没这个机会,这是很被动的,各种原因吧,没有什么理想的角色分配给我,老是让我跑龙套,甚至该分配给我的角色我也演不上。"游老师颇为无奈,他并不被领导看好,更是一度要被调走。

游老师经常说自己:**"情商很低,有点旧知识分子的清高,万事不求人。这是毛病,就是人脉方面吃很大的亏。"**

但他就是没法改变自己,没法趋炎附势。

"要不然,为什么陈老总的《青松》我特别喜欢呢,'大雪压青松,青松挺且直。要知松高洁,待到雪化时。'"

依旧无法世俗化的游老师,在剧院处于被边缘化的游老师,在1983年8月,知天命之年，做了一件让他自己死而无憾，足以给自己人生一个交代的事情。

哑剧！

"他当年搞哑剧的时候搞得特别累，他想为中国的哑剧事业做点什么，想做一台真正像样的哑剧出来。他找了很多朋友，但是那些朋友都觉得这件事情没什么意思，没有人愿意跟他一块儿干。我当时就鼓励他，让他不要气馁。我们两口子决定勒紧裤腰带，自己弄一台哑剧出来。"游老师的夫人杨惠华阿姨感慨万千。

那个时候的游老师，为了做好哑剧，每天的神经基本处于紧绷状态，挖空了心思就是要创作出好的包袱和故事情节，肩上背负着使命。

恐怕就连他自己也不知道，中国的第一台哑剧将要在他的努力之下呼之欲出！

"首演选在北京第一社会福利院，**那天晚上他一个人在两个小时内演了十几个节目，累得汗衫都能拧出大把水来，一晚上换了四件汗衫**……没想到我们的那台哑剧获得了空前的成功和关注，后来《淋浴》还上了1984年中央电视台的春节联欢晚会。结果那些当时不愿意跟老游合作的人都非常后悔。"杨阿姨说。

中国艺术史上第一台哑剧没想到竟然是这样诞生的。

后来这台哑剧又被搬到上海的舞台去演，一开始剧场负责人觉得"有声的戏票都卖不动，就更不要提哑剧了"。谁知，票一开售，在一个半小时内就全部卖完,原本定好的只演3场,又多加演了8场!

游老师回忆到:"有次演到半场的时候,台下发出了一种很特别的笑声,后来才知道,这是台下的聋哑人发出的。他们中后来有人激动地告诉我,哑剧是我们'自己的剧种'。"

"我当时就觉得,我做完中国这第一台哑剧之后,我这一辈子死而无憾了!"

这台哑剧将会在今后中国的艺术史上产生什么样的影响,不得而知,但是至少对游老师本人而言,这台哑剧对他的艺术生涯有着不可磨灭的作用。

"如果我没有哑剧的积累,大家是不可能看到经典的济公表演的。"
游老师说过,饰演济公用尽了他一生所学,而在济公里,哑剧元素的加入,使得他在诠释济公的时候如虎添翼!

"我在饰演济公的时候,要演一个喝醉的疯癫状态,喝的当然不可能是真酒,而是水,有时候甚至都不需要喝,而是用无实物的动作代替喝,作喝状,这时候用的就是哑剧手法。"

《济公》剧情里有一场戏是济公喝醉了要准备进大门,但是他来来回回进了好几次,最终都没有进成,最后头还被卡在门上。那段表演一句台词也没有,但是却看得大家捧腹大笑,这一切都要归功于哑剧的表演。

游老师一生对哑剧的追求,用"孜孜不倦"这四个字来形容再适合不过了。
2000年制作的《游先生哑然一笑》是游老师继电视剧《济公游记》之后又

一力作，也是游老师在哑剧方面的探索成果。它是游老师自导自演的作品，每一集均为独立的喜剧故事。以动作性强，节奏明快，无语言为特点，用另一种幽默的艺术形式弘扬真善美。

媒体用"**在哑剧艺术濒临难以为继的情况下起到了很大的作用**"这一句来奠定《游先生哑然一笑》这部作品的地位。

哑剧是源于西方的一种艺术表现形式，在国外，上至电视，下至街头，人们都能看到各式各样的哑剧表演。卓别林大师演出的所有剧目都堪称经典。这门艺术对演员的综合修养要求非常严格。在我国国内，老百姓对这样的表现形式不是太熟悉，所以这样的艺术形式在国内并没有得到很好的发展，甚至一度中断。

游老师制作的《游先生哑然一笑》全方位贴近老百姓的生活，涉及柴米油盐等琐碎生活故事。他希望通过这样的故事内容和自己独有的表演，让中国观众喜欢上哑剧表演。

中国哑剧没有哑。

"舞台剧是综合艺术，全场下来由灯光、音响、舞台等各个部门的人相互协调配合完成。但是哑剧就不一样了，很多时候只有一个人演，不需要繁复的舞台布景和灯光，甚至不需要特别的服装！"

哑剧的成本非常低，但是要求却极其高。

"一台哑剧想演好,你只能指望演员过硬的功夫了。因为很多时候是一个人演,所以所有的故事情节和人物性格就全由你一个人把握了,你好这部戏就好,你坏这部戏就坏。不像现在的很多舞台剧,演员功底不够,舞美音乐来凑。还有,哑剧演员一定要耐得住寂寞,要不断创新和奋斗,拿自己的作品来说话。我相信,只要有演员的地方,哑剧就不会消失!"

2010年,北京市东城区举办的"国际独角戏戏剧节"期间,兴致勃勃的游老师一场不落地坐在观众席把所有的节目看完了。

尽管他并没有作为演员参加戏剧节,但他作为一个观众,作为一个哑剧演员,他在台下看着每一幕戏的时候,也跟着台上的演员,共同呼吸,共同推进剧情的发展。

哑剧短剧

他看完演出后高呼："戏剧的春天来临了，我愿意参加这个队伍！"

游老师就是这样一个人，愿意用自己所有的力量去重新唤起人们对哑剧的关注和热爱。他说自己就是想做中国哑剧艺术发展的铺路石，为中国新一代的哑剧发展，做出应有的努力。

而这样一个拥有精神洁癖和艺术信仰的人注定不会被艺术抛弃。
就连游老师他自己也不知道，他大展才华的时代，很快就要到来了！

爆发：济公出世

梦想永远不会太晚
"济公"游本昌的智慧人生

BAOFA JIGONG CHUSHI

02

一声惊雷，济公临世，自此，游老师和济公画上了等号，二者成了密不可分的整体。

—— 机遇来了 ——

"鞋儿破,帽儿破,身上的袈裟破;你笑我,他笑我,一把扇儿破。南无阿弥陀佛,南无阿弥陀佛,哎,哎,哎,无烦无恼无忧愁,世态炎凉皆看破。走呀走,乐呀乐,哪里不平哪有我……"

二十世纪八九十年代,中国的改革开放大业正在全国如火如荼地展开,但人民的物质生活和精神生活水平还相对匮乏。小电视里那个疯疯癫癫的济公,在那个经济腾飞、大国崛起的时代,成了陪伴无数人度过一个又一个春秋的回忆。

游老师因为这个角色火遍大江南北,无数的观众把他直接和济公画上等号。时至今日,每当游老师参加活动时,与会人员但凡跟他有互动,打招呼说的频率最高的一句话就是:"我是看着您的戏长大的!"《济公》电视剧以及游老师在当年的火热程度,可见一斑。

到底是《济公》成就了游老师,还是游老师成就了《济公》,这就跟"鸡和蛋谁先有"一样无法回答。但是游老师毫无疑问已经以最经典的"济公"形象镌刻在了所有观众的脑海里。可大多数人并不知道,拍摄济公的时候,游老师已经年过50,前面已经饰演了79个角色,济公是他的第80个角色。当年选角之时曾"一波三折",游老师险些就与"济公"擦肩而过,有可能,他注定就要跑一辈子龙套,甚至销声匿迹。

当时上海电视台正在筹拍《济公》,在上海把哑剧做得风风火火的游老师进入了电视台的视野。这是在剧院处于边缘化的游老师自己"折腾"出来的结果。

"从毕业开始工作以后，我总觉得自己的才能始终没有得到很好地发挥。我觉得济公这个角色非常符合自己，我愿意去挑战自己。"

但是不久后，报纸上就出现了自己的学生严顺开（1981年电影《阿Q正传》中饰演主角阿Q，1959年至1962年，游老师是严顺开的老师）要演济公的消息。看到这个消息之后，游老师萌生退意。

这已经不是游老师第一次和严顺开"撞车"了。有一次游老师在首都机场前厅看话剧，中场休息的时候碰见了谢添，谢添很认真地跟游老师说："你可以演阿Q。"游老师当时就愣住了，心里可不敢相信。1960年以后，游老师经常在一些晚会上"出洋相"，表演一些非常幽默的小节目，谢添对此非常欣赏。

"现在上海准备要拍阿Q了，你给导演写封信，争取这个角色。"

游老师心里非常忐忑，一直在纠结这个机会要不要争取，正如他自己所说的——"自己年轻的时候比较清高"。但这回，他打算斗胆试一次，于是鼓足勇气，提笔写信。

写了这封信之后就没了下文，后来才知道原来人家已经定了严顺开。因为他们对严顺开比较了解，当时严顺开已经毕业了，并且在上海滑稽剧团还有所表现。

好不容易鼓起勇气给导演写了自荐信，却弄得这样一个结果，这大大打击了游老师的信心。

一直以来，游老师都不是命运的宠儿，演艺生涯磕磕绊绊。他觉得一个演员的成功除了要有足够的努力和天赋之外，机遇也是相当重要的。但是有时候你有了很好的天赋，付出了足够的努力，但是机会却不一定来敲你的门。

对于自荐失败这件事情，夫人杨惠华也说："看来你真的是很不走运啊！"

机会总是优先垂青有准备的人。

游老师在大连的一次演出间隙，他接到了家人打来的电话，说有人找上门来请他演济公。

游老师听到这个消息高兴得连觉都没睡好，在床上翻来覆去，琢磨着济公这个角色要怎么演。第二天醒来的时候，他才意识到不对，这个角色之前不是也说要找严顺开演吗？这……

游老师心情十分复杂，顾及之前剧组找过严顺开，他不愿意跟他（严顺开）撞车。所以没有立刻答应剧组。

他自己有一个规矩：**"我从来不跟人抢角色，从高中起就是如此，从来都是别人挑剩下的角色最后我来演。"**

在得知游老师为此犹豫不定时，中央实验话剧院给予了他很大鼓励，他最终咬咬牙，下定了决心。

"一方面，我觉得我工作这三十年来大部分时间都在跑龙套，现在也应该演个像样的主角了。二来也是对方自己找上门来的，与严顺开要演的不是同一个制作单位，所以最后我还是接下了这个角色。"

济公的角色设定使得表演很难把握，导演为了拍摄的事情，忧心忡忡，他无数次地上门跟游老师进行细致深入的沟通。有一次在家里聊完之后，游老师送导演走到门口,导演心事重重,还是觉得没把握,转身就问游老师:"你觉得济公到底应该是什么样的?"

游老师挤挤眉、弄弄眼,一变阴阳脸,冲着他演了起来,说:"你觉得济公应该是怎么样的呢?!(做出济公的模样)哈哈哈!"

"好!好!济公就是这个样,就是这个样啊!"导演瞬间被游老师的演技征服,信心倍增。

当时游老师在大门口冲导演做出的这个模样,也就是后来大家在电视上看到的经典模样。

到现在,游老师时常还会跟学生们感慨当时上天的各种安排:"本来在拍济公前,有机会演《阿Q正传》,但是没有成,让学生严顺开演了。后来导演说,正是因为没有演,才有了后来济公的成功,因为你是一个陌生面孔,如果你当时演了阿Q,成了明星,大家看济公的时候,还会是那种感觉吗?"

游老师小时候,家里柜台上就放有一个济公瓷像,他特别喜欢,一有空就一边研究一边玩儿。在江苏昆山上四年级的时候,他每天放学都要跑去听号称"江南活济公"的沈笑梅先生讲《济公传》,听完回到家便迫不及待地在家人面前露一手,喊两嗓子,逗得大家直不起腰。

他跟济公的因缘,甚至在他还没出生的时候,母亲就已经帮他种下了。游老师的母亲在怀他第六个月的时候去苏州礼佛,当时拜的就是济公。

这真不得不说,游老师演济公,就是冥冥之中的缘分。

—— 全力以赴 ——

80年代,《济公》要开拍的消息在全国来说都是一个不小的新闻。为此,剧组还做了一个新闻发布会。

在新闻发布会上,有人问游老师,对于出演济公这个角色有多少信心?

游老师在发布会上说了这样一番话:"没有一个角色是容易演的,不管是龙套还是主演。**没有小角色,只有小演员**,任何角色都是一个活生生的人。作为一个演员,这是个新角色,我不可能打包票,我不知道结果会怎样,但我一定会全力以赴。"

当时的跳高冠军朱建华创造了一个很好的纪录,后来就再也超不过去了。游老师说:"就像朱建华一样,横杆立在前头,他在起跳之前也不知道自己能不能跳过去。我跟他一样,不知道这部戏的结果如何,但是我一定会尽可能用最大努力越过去,我坚决不会从横杆底下钻过去!**我会努力定下标准,让后来人超越**。"

全力以赴这四个字,不仅是他对媒体的承诺,更是对自己的承诺。

—— 只有长期积累才能偶然获得 ——

有些事情，聊起来是一码事，真正执行起来就是另外一码事了。

济公跟游老师之前在话剧舞台上塑造的所有人物有非常大的不同。既然在媒体前面"口出狂言"了，那就一定得说到做到。

为此，游老师阅读了大量关于济公的典籍，随后灵光一闪，既然谁都没有见过济公，不如塑造一个让老百姓都喜欢的形象。

脏，破，穷，但却是一个法力通天，惩恶扬善的形象。

但是在《济公》开拍了两集后，游老师一直都没有找到感觉，说白了就是济公还没有"附体"！对于济公的神韵，游老师一点儿突破的思路也没有，全剧组上下都很着急，游老师自己更急！

拍第三集的某一天早晨，在西湖的三潭印月边拍完日出后，游老师在那里休息，幕后组的导演在另外的地方准备下一幕。幕后工作准备好之后，工作人员迅速叫醒正在熟睡当中的游老师起来开拍，当时正在休息的游老师被导演远远的声音叫醒后，拍戏心切的他急急忙忙就往导演的方向跑去，也不管这个时候脚上的鞋穿好了没有。

"我经过九曲桥的时候一跑一跑的，那个鞋不跟脚啊，结果变成一颠一颠地走路，我突然感觉这就是济公的步态，踢踏踢踏，我就那样走到导演面前说，'导演你看看，济公这样走路行不行，我觉得这就是济公的感觉啊！'"

游老师偶然获得的突破性的创意,获得了大家一致的肯定。于是,这样的走路姿态也就被印在了荧屏上,成为经典。

这一次的创意说是偶然,其实也不偶然。游老师在剧组里无时无刻不处于琢磨状态,力求在表演上能有所突破。"在拍济公的剧组里,我一直捧着劳伦斯·奥利弗的传记看,向他学习。不管当天拍戏拍到多晚我都要看。我还把卓别林的喜剧方式,包括戏曲等传统的东西,还有哑剧的东西,大量放了进来。"

济公有大量喝酒的状态,但是演戏的时候,游老师喝的是水,有时候甚至不喝,就是做一个喝的状态,这个时候用到的就是哑剧训练的元素。

"济公里的很多东西都是自己加入的,并且融入了自己的理解和情感,塑造一个让人眼前一亮的济公形象。"

这就是游老师经常教导学生们的"只有长期积累才能偶然获得"。

济公饮酒剧照

—— 演济公耗尽我一生所学 ——

"《济公》这本小说在新中国刚刚成立的时候是不可以出版的。大家都认为济公是封建迷信的人物，包括说书人都不让说。后来'四人帮'被粉碎了之后，小说可以出了，有一篇很长的序言说这是游民文学，在济公身上有很多市井的东西。"

因为之前的一些社会舆论，游老师在接演这个角色的时候，为了让最广大的观众可以接受这个角色，就跟导演探讨出三条标准："第一条要让佛教界通得过，因为济公是降龙罗汉。所以《济公》一定要朝着雅俗共赏、中外咸宜，寓教于乐的艺术方向前进。第二条一定要过审。第三条一定要让观众喜欢。"

济公是个离经叛道的人物，为了避免引发争议和矛盾，游老师才制定出了上面这三条准则。

"因为这是一部喜剧，所以我们一定要让济公的形象可爱起来，最后我们加入了许多和孩子们玩耍的戏份。"

好在游老师和导演还是有共同语言和默契的，许多游老师个人的修改意见和奇思妙想才得以实现。为了让济公更加可爱，游老师还借用了卓别林的表演手段。正是有了各个派别的艺术精华大量充实到剧中，才让《济公》如愿达到了开拍前自己制定的三条标准，甚至取得了空前的成功。

也难怪游老师常常跟学生们说："演济公耗尽了我一生所学！"

—— 取精华，去糟粕 ——

"小说里的有些情节我觉得是有问题的，所以拍到一半的时候，我就跟导演提出了新的建议，我们不能跟原小说一样。

延安文艺座谈会要求我们对待传统文艺，要有继承和发展，怎么继承？不是无条件继承，要取其精华，去其糟粕。

小说里写的是：济公跟秦相是拜把兄弟，而且济公还奚落僧人！

这些都是灰尘，这不是济公的本性。"

游老师觉得题目得改，就改成"大闹秦相府"，进秦相府之前，游老师以一段出色的哑剧表演戏弄公差，然后戴着手铐脚镣进了秦相府，最后还大摇大摆地离开。

这就是游老师坚持的真善美价值观。游老师说服导演："既然《济公》是人民改编的传说，我们也是人民，那我们完全也可以改编啊，编完后只要是有价值的内容就能流传下去。"

比如小说里写济公拿手抓馒头，一抓五个黑印，老板嫌脏就赶紧让济公拿走了，但是这是吃白食啊，游老师认为济公的形象是不可以这样的。

"我拍完这个镜头就觉得浑身不舒服。按照原著的话，这一段戏应该通过了，但是我心里通不过。这不是敲竹杠吗？！我热爱济公这个形象，我不愿意糟践了他，这不是我们要搞的济公，我是经历过抗日战争跟解放战争的，解放军给我最大的影响就是三大纪律，八项注意。

我16岁在上海迎接解放的时候，头一天，国民党的散兵还在敲竹杠、打人呢。第二天，一打开门，人行道上，坐满了人民解放军，坐在那儿，鸦雀无声，在那里休息，哎哟，三大纪律，八项注意，他们去买水都要付钱，有从前线撤下来的几个伤病员，在那里走，当时有三轮车看到，让他们上车，他们都不上，这就是三大纪律、八项注意的作用。

大资本家荣毅仁就是被这个场面感动了，不走，留在上海，成为红色资本家。

所以我就建议导演加一个镜头，吃完之后，把三个铜钱丢过去。

然后老板说：'哎哟，这个和尚……'

这样做就是为了掸掉传统文化里头的一些灰尘，因为它肯定有一些不适合当代的部分。我们对传统文化不能全盘接受，因为它产生在一个封建主义的时代，它有它自己时代的局限性。

在剧情里，我还增加了许多跟孩子们互动的情节，这是小说里没有写的。还有济公喜欢鸟语花香，喜欢大自然的山青水绿，因为这样的表现方式，就是要增加人们对济公的喜爱。

这也是《济公》讨巧的地方，它不像《西游记》或者《水浒传》需要尊重原著。再者说，虽然我们完全是新改编的，但它是符合济公性格形象的，是一个活生生的人。这样的改编更是符合观众心愿的，是从心出发的。"

—— 你们就真打吧 ——

那个年代,只有一些很基本的拍摄技术,很多特效的点子只能是挖空心思去想,找最切实可行的特效办法,所以剧组人员都想了很多办法,动了很多脑子。

比如,很多人对济公割瘤子那幕戏印象很深。那个特别大的瘤子就是游老师的建议,当时剧组做了一个跟大家想象中差不多大小的瘤子。但是游老师说,这是艺术,就必须得这——么——大,像个大包袱一样,所以后来就改用大气球做了。他说,只要是亮相的,就必须得是艺术化的处理,不能是随随便便一般化的表现。

还有定身法,这个处理起来比较容易,就是正着拍倒着放。如果要做出一些腾云驾雾的镜头,就只能抠像了。

"当时还没有威亚,我就坐在一条板凳上,然后作飞状。还有像打斗抛尸的场面,得把我举起来,然后扔下去,那也是在棚内拍摄完成的。"

说实话,底下虽然有软垫子,但是毕竟举起来有快两米高,摔下去的时候也会非常疼。当时,游老师的夫人带着女儿来探班,女儿才七岁,看了这一幕特别心疼爸爸。

曾经有一场济公挨打的戏,周围的演员因为有的是业余的,所以经验不是很丰富,因此打起来感觉就很假。当时大家担心52岁的游老师受苦,所以在他臀部垫了一个薄的垫子减轻疼痛。可是群众演员们对游老师实在是太好了,即使到了真正拍摄的时候也不忍心下重手。正是因为有了这样的思想包袱,所以就显得机器里拍出来的画面特别假。为了考虑到艺术质量,游老师对大家说:"你们就真打一次吧!"

真打起来了,结果一直在重复打的动作,这条戏重拍了12次,总算通过了。

拍完之后,游老师就完全站不起来了,趴在地板上痛不欲生……其中的体会,也只有游老师一人知晓了。

"我有一条原则,就是说只要你是为了作品质量的,你让我重复100次,我也不会有半句怨言。"

有人问过游老师,为什么当时没有用替身来完成这一系列的动作呢?

游老师觉得:"尽量能自己完成就自己完成吧,当时也没有替身这一说,而**且我如果用替身的话,自己心里总觉得哪里不舒服……"**

时至今日,不少剧组通过许多高科技和影视的手法,呈现了不同版本各式各样的济公,但是要问起观众心中对于济公的印象,老百姓第一个浮现出来的画面,还是游老师扮演的那个疯癫和尚模样。

也许这就是传说中的,一直被模仿,从未被超越吧!

—— 天公为你作美 ——

游老师经常跟人强调"境随心转"的意义:"只要我们的发心对了,那么一切就都对了。"

当年的拍摄可没有现在那么多高科技可以驾驭,拍摄过程当中,要跟着每天的天气变化走,所以拍摄过程当中出现了不少与天斗与人斗的奇妙之事。整部剧拍摄完之后,游老师明白:"当你真正能济世为公,为了立德扬善而拍这部片子的时候,老天爷都会帮你。"

明白了这个道理,他眼前豁然开阔,拍摄过程中,就已经慢慢感受到自己心境的变化。"过去是看着人有我没有就生气,连冬天上街别人都戴帽子,就我没有,看着心里都不舒服。但拍戏时,觉得自己怎么越来越顺、运气越来越好呢?那时是夏天,顶着39摄氏度的高温,拍摄很辛苦,可下午一轮到我拍,天就阴了,凉爽了;杭州多雨,有时候阴了一天,非得等我们戏拍完了,雨才下来;坐火车,前面人还买不到票,到我这儿就正好有个退票的……"

有一场戏,济公在草丛当中,一对蝴蝶在济公扇子上翩翩飞舞,让人看了就生起欢喜心。如果放到现在,你一定会认为这个长镜头表演是加了特效的,但是在当时,这段表演确实是两只小蝴蝶主动出镜。

当时游老师在演到一半的时候,看到有两只蝴蝶在起舞,于是乎就走过去,用亲切的口吻说:"来来来……"蝴蝶就真的来了。游老师后来也感叹:

"真是心有灵犀啊!"

很多人以为这是特效做的,殊不知,当时国内的特效根本还做不到这样的效果。

更为神奇的是,大自然经常给拍戏帮忙。有一次,剧组在江苏常熟的虞山拍摄济公和黑风道人斗法的那场戏,游老师觉得拍摄黑风道人,场面铺垫一定要足了,现场需要狂风大作、昏天暗地的景象。昏天暗地剧组是做不到了,但是狂风乱作还是可以一试的。剧组索性就找来两个圆桌面大小的吹风机试试,但无奈的是,吹风机却连树枝都吹不动。

这可怎么办呢?难道要放弃这样的构思吗?剧组陷于苦恼之中……

当所有人都在现场一筹莫展时,突然间,刮来了一股超强的大风,大到工作人员都睁不开眼。游老师一声令下:"拍!"大家一鼓作气,这场戏拍得淋漓尽致。

当时的狂风刮了好几个小时,天昏地暗,飞沙走石,完全就是大家所期待的场景。

顺利完成拍摄后,大家都沉浸在无比的欣喜中,谁都无法解释刚刚到底发生了什么……至今,这段回忆都是游老师到各大讲坛开讲时,重点跟大家分享的片段。其实类似于这样的事情,还发生过很多很多。要风得风,要雨得雨,要阳光有阳光,非常的不可思议。

"只有加倍的努力和付出把这部剧拍好,才能对得起这样的境随心转啊!"

—— 做人类的工程师 ——

其实,济公的衣服做出来时都是新的,都是被游老师拿着瑞士军刀亲自做旧的。还有道具扇子,也被游老师处理过了,他准备了十几把,基本一把扇子只能拍一集,到后面越用越少。

游老师把道具师的工作也干了,因为**"这样心里才有底"**。

在当年条件十分艰苦的情况下,想完成现在好莱坞般的华丽装扮是不可能的。那么,荧屏上经典的济公活佛形象是如何塑造出来的呢?

"只能靠实打实的演技和吃苦耐劳的精神,来为济公进行灵魂化妆!"

大家都知道济公在戏里吃尽天下美味,游老师演得让观众隔着屏幕都能闻到香味。电视剧里有这样的一幕,济公在大口大口地吃着肘子,吃得津津有味,看得观众都会馋得流口水,但是谁又知道那看似美味的肘子背后的故事呢?

剧组道具师买了一个肘子,而且是一个非常新鲜的肘子。第二天一早剧组就出发上山拍戏,一直拍到晚上黄昏了,本来要收工回去了,结果导演说这个地方可以拍那场吃肉的戏。导演说干就干,拿起铁丝和肘子,燃好火,各就各位!

"大家都觉得我演这个角色太享福了,吃尽天下山珍海味,尤其是啃那个肘子的时候,啃得那么香那么美,那么让人垂涎三尺!"

其实肘子背后的真相是，**美味的肘子已经发臭腐烂了**……

当时在拍这场戏的时候，前一天的温度是 39 度高温，肘子放在塑料袋里带上山已经超过了 24 小时，再从塑料袋里面拿出来的时候，肉已经臭得不能吃了。

在当时的条件下，没办法说重新换一个肘子，剧组的进度不等人，游老师只能配合。

这是最考验游老师的时候了，要很"美味"地去享受一个臭的肘子，估计大部分的人都没有这样的生活体验。

开拍之后，导演一直让游老师表演，当时的表演不能间隔，导演说继续就继续，一直得到好为止。

"拍完那一场之后，全部的肘子都吐出来了。那天晚饭都没有吃，但是大家最后从电视上呈现的结果来看，济公是在很美味地吃肘子。从表演来讲，是很美滋滋的，但是运用的手法就是嚼而未咽，没有下咽的动作，只是忍着臭在那儿嚼……"

面对着这样一只已经恶臭难闻的肘子，怎么可能吃得那么津津有味呢，难以想象，为了征服观众，游老师花费了多少工夫！当时那个肘子到底有多臭，没有人知道，但是游老师对出众演技的追求，塑造了活灵活现的济公形象。

"现在回想起来，那段时间吃的苦是很多的，说老实话，每天在那么大工作量的情况下，只能睡短短的几个小时，身体是一种超负荷状态，演这个角色确实快耗掉我半条命……但是不管少到四个小时，三个小时甚至两个小时，只要一开工，我绝对是全力以赴，百分百投入工作。因为我深知这段时间的努力是会影响今后这部片子的质量的，所以一定要下苦功，不管再苦再累！"

没有多少特效，没有好的条件，有时候的条件甚至可以用"恶劣"两字来形容。但是观众丝毫看不出任何不足，只是静静地在电视机前享受济公带给他们的欢笑和领悟。

这些吃苦耐劳的过程都不是化妆师能帮他的，也不是导演能教他的，游老师自己拿出真诚和忘我的投入，才能达到真正的灵魂化妆。这也是他说的，我们要努力用艺术去影响大家，做人类的"灵魂的工程师"。

—— 万人空巷 ——

《济公》播出之后，游老师整个人生的航线都改变了。

跑了半辈子龙套的他第一次尝试到大红大紫的滋味。

一个影视剧角色能让中国人记住一辈子，并且经过岁月的洗礼之后依旧能达到如此经久不衰影响力的，唯有六小龄童扮演的孙悟空和游老师扮演的济公。

对于那首闻名海内外的"鞋儿破，帽儿破，身上的袈裟破……"老少皆会吟咏的《济公》主题歌，人们不光知道，而且朗朗上口。台湾的无上法师说："我们天天教别人念阿弥陀佛，别人都不一定听得进去，有时候甚至无法接受。但是游老师的济公，却能让全中国的人跟着一起唱'南无阿弥陀佛'！"

游老师不负众望，一炮而红，彻底轰动了全国。

从一定层面上来说，这是他应得的。

在全国各地，他走到哪里，大家都喊："济公来啦！"那段时间，在演艺道路上的游老师就像坐电梯一样，直达人生的高峰，连获全国电视金鹰奖"最佳男主角奖"及电视明星太平洋杯"青年最喜爱的电视男演员奖"。

游老师的房间里收藏有很多济公的雕塑和作品，有一位师父说："以前很多寺庙都不知道济公这个形象该怎么塑造，是胖的还是瘦的，是高的还是矮的。可是自从游老师的济公风靡全国后，绝大部分的济公像就按照游老师塑造的形象来做了。"

"当时到各地去演出的时候，几百个观众在体育馆外面堵着等他。他上车之后，大家都堵着车，还有人把脸贴在车窗上，就为了见他一面。所有人都把他当成真济公了！"游老师的女儿游思涵回忆道。

而这一红，不只是国内，就连国外也引起了强烈的反响。1987年《济公》在新加坡播出之后一举创下新加坡的收视纪录。当年林青霞的剧收视率号称百万，但实际上是96万，而《济公》是真正的突破百万，最后的收视率数字定格在102万。游老师一度被当地人冠以"游百万"之称。

游老师调侃自己："电视剧在海外播出，一下子扩大了我的世界观，我的人虽然没去过一些国家，但是我的作品去过了。"

1987年，受邀访问新加坡演出的上海电影明星访问团集合了当时中国50位鼎鼎大名的影视红星，新加坡方面看到名单后提出一个要求，必须见到"济公"，于是，游老师被临时添加到名单上，成为第51位访问团成员。

到了新加坡之后，当地一个老华侨找到游老师后激动地说："非常感谢您。"

游老师很奇怪："一般别人都说很喜欢你，但是你怎么突然说很感谢你呀？"

"我们的孩子都是从小受英文教育长大的，我们非常担心，我们的下一代几乎都快忘记了中国的传统文化，看过《济公》之后，才发现祖国还有这么好的文化，大家对传统文化的热情一下子又被重新唤醒了。知道要做好事，要孝敬父母，要有爱心。"

时隔 30 年，老华侨的这番话游老师言犹在耳，他缓缓地说："**我一下子就感觉到文艺的力量，不是娱乐，它是有教化作用的，弘扬真善美，塑造人的灵魂。从此，我的视野、心胸扩大了，心怀世界了，作为一个演员，观众是我们的服务对象，我可以为全世界观众服务，艺术是没有国界的。**"

时至今日，《济公》偶尔还会登陆电视台的暑期黄金档。虽然游老师已经不怎么在荧屏前抛头露面出演其他的影视剧，只专注于话剧。但很多时候，依然有许多当年培养下来的忠实观众，追随游老师的身影，来到巡演的城市一睹游老师的风采。

关于济公那把无所不能的扇子，很多人小时候，还故意把家里的扇子做坏，就为了模仿济公的情节。

有一位居士开玩笑说道："游老师，您的那把济公扇子可是要放在博物馆里面供着喔！"

"那把扇子还在不在您家里呀？"有人接着问。

"其中有把扇子在马来西亚的一个协会，因为他们赞助了后 10 集的济公续集。五台山也有一把扇子，那里五百罗汉有一尊就是济公，那里的师父非得把我这个扇子插在罗汉上面，哈哈哈。"

济公度人

大家都看到济公在故事里度人，但是《济公》这部电视剧在戏外也有活生生的度人故事。

有一次游本昌艺术团在临沂大学演出，入住的酒店是保兰之星。某日中午，游老师的房间被敲开，站在门口的是当地鼎鼎大名的保兰集团董事长黄保兰女士。

她专门为游老师端来茶水。

黄保兰见游老师说的第一句话是："是济公给了我第二次生命！"

"当年我16岁被迫嫁给我的前夫，然后就为他生下了两个孩子。但是他对我是没有感情的，这也就罢了，我还常常成为他的出气筒，一有什么不高兴的事儿就打我，骂我，那些年我身上都是伤……

我对我的人生充满了绝望，我觉得我是天下最痛苦的人！

有一次外面打雷下雨，他发了疯一样地打我，我再也忍受不住了，夺门而出。他追了出来，边追边喊：'别跑！让我抓到你，我打死你！'

我当时真的吓得魂都散了，只有拼命地跑，不停地跑。我跑了很远很远，跑到了一个荒无人烟的树林里，晕倒在了地上，他也没有追上来……睁开眼睛的时候我已经在医院了。看着寂静的环境，我对人生失去了信心。就在这个时候，我看到了房间里黑白电视机正播放着的《济公》，我看到了他嬉笑怒骂的脸庞，看到了他惩恶扬善的精神，我瞬间就被感化了……济公让我相信世间还是有真理有希望的。所以我决定重新站起来，面对自己失败的过去，整理心情重新出发。"

游老师听到这里，默默摘下眼镜，用手拭去他流下的泪水。

他动容了……

"后来我去了新疆，从小小的摊位做起，慢慢地，我跑遍全国二十几个地方，开始经商。或许是老天给我勤恳的回报，我的生意越来越好。

在生意兴隆的同时，我也没有忘记感恩社会，我不断做公益事业，因为是济公让我明白，只有不断付出，才有不断收获。我现在身家已经数亿元了，我觉得我已经很满足了，不是财富上满足，而是精神上，我跟着我的孩子一块儿过日子，一块儿经商，一块儿做公益。

如果当年没在电视里看到《济公》，或许我就不会对人生有新的体悟，更不知道此时此刻我身在何处。

我感谢济公，我也感谢游老师您的鼓励！"

在场的人，听完黄女士的感受，无不动容，大家都被她这种百折不挠的精神鼓舞着。

"你已经明白了济公的精神，那就是济世为公。你现在虽然是个非常成功的企业家，但是你没有忘本，把所赚的钱大部分都拿来做公益，回馈社会，所以社会也会回馈你，让你赚更多的财富。你坚持做下去，以后你会有更多的福报！"游老师鼓励她。

"我现在的愿望就是能穿上一次婚纱，所以我跟我的妹妹约定好了，等到我们60岁的时候，我们两个拉着我们的老伴儿，一起拍婚纱，然后办一个热热闹闹的婚宴。"

"你好好加油，不要放弃你现在所做的事情。到时候你办婚礼，我再率领我们剧组过来给您庆祝！"

"真的吗？如果到时候您能来，那我的人生就圆满了！"黄女士激动得不敢相信，说不出话来！

或许，游老师在很多人的心中真得跟济公融为一体了。他是一种精神的象征，给那些身处绝望之中的人带来了希望和力量。

—— 一块哈达换来的续集 ——

1991年，游老师随中央代表团参加西藏和平解放四十周年纪念活动。在西藏的那曲，海拔4500米，那个地方全年的平均气温是零下二度，在那里演出可以说是用生命在演出。因为高原反应，当时有的歌唱演员唱完了歌，都还没有走到下场口，就直接蹲下来休息了，因为实在支撑不住了。有的舞蹈演员，一下场之后就直接躺在地上，大家给他们按摩，给他们吸氧。包括游老师的《济公歌》，他在台上都唱得不是很顺溜，唱歌的状态就如同百米冲刺后直接唱！因为氧气浓度不够，只能喘大气。唱完之后回到后台，他正在那儿喘气儿呢，工作人员跟游老师说后台有两个藏族的小朋友，等着他要签名，让他歇会儿再去。游老师说小朋友的事儿不能等，要马上去。

一见面，两个藏族的小朋友献给游老师一块儿小哈达。他们刚看完藏语版的6集《济公》，非常喜欢，都表示没有看够，问游老师能不能继续拍，就在这种情况之下，游老师接受了这个小哈达。"虽然很小，但是我觉得这是最纯洁，最真挚的爱。我接受了他们这个要求之后，就在那个高原上，做了一个承诺，我说：'好，回去之后我一定继续拍。'"

"说实话，我之所以一直不敢拍续集是因为心里头有一个'我'在作祟，这个'我'怕失败，怕没有超过前面的'我'，这是杂念。所以这两个小朋友的小哈达，让我醍醐灌顶，我一下子清醒了。当哈达挂在我脖子上的一瞬间，我觉得非常的殊胜，简直比我得最佳男主角奖还要荣耀。我觉得他们把他们最纯洁、最真挚的爱献给了我，寄予我希望，希望能拍出《济公》续集，所以我当时就下决心，就是为了他们也要拍。放弃一切获奖的念头，名声的念头，一切放下。就为不同民族、不同地区的这些可爱的观众们去拍，我为他们奉献是值得的。所以一回到北京，我就抓紧组织了剧本的创作。"

其实早在拍第一部《济公》的时候，游老师自己就有了拍济公续集的想法。但由于当时的政策不允许个人拍电视剧，所以这个愿望就一直都没有实现。后来政策开放了，在 1994 年，北京本昌文化艺术传播中心正式成立，开始筹拍济公续集。

1994 年的时候，游老师一家人坚定不移地成立了公司，但只是为了拍《济公》续集，不做其他的。

游老师说："开公司其实就是为了更好地实现自己的艺术追求。虽然实现它是一个非常痛苦的过程。我觉得自己在艺术上很理想化，目前艺术领域充满了很多非艺术的东西。"

"我们当时的艺术氛围更为纯粹一些，当时我在剧组，不只是要很好地完成演员本身的工作，而且还主动在剧组做了许多力所能及的事。比如说帮导演出谋划策，帮道具师制作道具，帮化妆师想点子，跟置景师一起发挥想象，天马行空……而当时我的片酬就 120 元一集。

现在的艺术氛围大大不同了，现在的很多演员都还没成腕儿呢，出门动不动就是戴个墨镜，带好几个助理，到了剧组耍大牌，要所有人都配合他的节奏来，而且片酬都是天价……这些都是不对的，这不是一个演员应该做的事情。

像他们这样的演员，也不要指望他们身上会背负什么艺术理想，给群众带来艺术快乐。我做的很多事情，本来对于演员来说就是很普通的事，没想到现在却成了模范了。他们的理想是明星，而我们的理想应该努力成为艺术家。艺术家的理想是人民，而明星的理想是他自己。"

也正是因为游老师坚定的艺术理想，才有了他一定要重拍济公，回馈人民的做法。

当游老师决定重拍济公的消息散播出去之后，时常会有人来询问续集的进展，包括东南亚地区的电视台。没想到时隔多年，观众对济公仍然有很高的热情，这也更加让游老师坚定了要把《济公》续集拍好的信心，要知道，在那个年代，个人做影视剧是要面临各个方面很多挑战的。

拍《济公》使用的大量艺术手段，几乎用尽游老师的一生所学。而如何让济公续集比之前的作品更上一个台阶，成了游老师深思熟虑的功课。

"随着年龄的增大，人的想象力是会退化的。所以为了让我的思维不退化，我经常都会做一些让自己保持激情的事情。"

游老师的激情，很少有人能比得过他。

"比如说我跟学生们去KTV唱歌，我比他们还积极，表现得比他们还好，我还会把歌词的故事用形体动作表达出来。

还有看球赛，不管是足球还是篮球，只要是能调动自己情感的都看，进球了也会跟着尖叫，目的就是为了培养自己的激情。有了激情，想象力也就能得以保持。艺无止境，只有这样，想象力才不会枯竭。"

游老师先后多次组织了《济公》剧本创作会，觉得不理想的情节就重换一个。游老师对重拍的要求非常高,他说拿出去的作品就必须严丝合缝,对得起艺术标准。

"当年的第一批观众已经长大成年,运用一些当年的儿童趣味是很难再打动他们的,所以需要加入更多人生哲理内容,但是又不要太严肃,还要具备喜剧特色,全力以赴,皆大欢喜,大家看了都喜欢。

但是要注意的是,既然要诠释好济公,就得心中有济公,凡事都为公众思考,这样才能体现济公无私的大爱。而不能一味以喜剧和搞笑为目的,那样就容易让整个剧情走偏。"

—— 这才是济公精神 ——

拍《济公》前，为了更好地接近这个角色，游老师还专门跑到寺庙里去求教。这位师父一句话，那位师父一句话，都让他受益匪浅。

"最大的感触就是明白了什么是有觉悟的人、有智慧的人。'济公'为什么不叫'济私'呢，凡事都想着自己的人他还能叫济公吗？天天为自己的私欲而斤斤计较的人并不是有智慧的人，而凡事都为了众生，做有利于众生事业的人才是真正开悟的人。

济公的'酒肉穿肠过'，指的是他不被一些世俗的条条框框所束缚，济公的心是自由的，所以不管吃什么都一样，没有分别。现在的人，为名所困、为利所困、为烦恼所困，就是因为太在乎自己的利益，放不下的事太多了，所以自然会生起烦恼心。"

游老师发自内心地领悟到，他与济公的关系不是简单的演员和角色的关系，更确切的来说是济公这个角色升华了他，让他领悟了人生的真谛："济公济公，济世为公，济世为公，其乐融融。"

济公对游老师的影响不仅体现在人生观上，更是改变了游老师的艺术观。

在大多数的观众被济公的故事感化之后，游老师觉得自己可以做更多有意义的事情。他认为艺术可以起到教人向善的作用，正因为如此，游老师的梦想和人生追求也从此改变。

之后，他不随便接角色，没有意义的喜剧从来不接，他把大部分的精力都投入到戏剧美育教育当中。面对当下娱乐圈的各种花边新闻、是是非非，游老师都不为所动，因为让观众感动才是最核心的，让观众感受到真善美才是最重要的。这些观点都是济公这个角色带给游老师的转变。

如今，几乎大部分电视剧的首发都会找一个高大上的酒店做现场，找一批记者来报道。而游老师的做法是，带着自己的《济公续集》去少管所首发！

少年犯管教所是对已满14周岁未满18周岁的少年犯进行教育、挽救、改造的场所，简称少管所。它是我国劳动改造机关之一。

有人说，游老师拍的《济公续集》与前部相比，教导多了一些，游老师说："自己在新闻上看到天津一个14岁的孩子，为了测验警察的破案能力杀死了一位老伯，还制造了假现场，后来孩子说这些都是在电视上学的。"游老师看了这个报道，痛心疾首，这是孩子啊，是我们祖国的未来，他的人生路还没有开始，就要以这种方式结束吗？在续集拍摄完成后，游老师首先将这部片子送到了少管所。人心需要利导，我们要给牛奶，即便再不济，也得是白开水，可不能是毒药啊！所以从《济公》到《了凡先生》，再到现在筹拍的《弘一大师》，游老师一路拍的都是导人向善的片子。

游老师的想法很简单，他希望济公惩恶扬善的精神可以感化他们，教育他们，让他们重新面对自己今后的生活。

游老师认为，不论是电视剧、电影还是话剧，所有的艺术形式所呈现的艺术效果都可归为三种。一种就像喝牛奶，对人是有营养的，能让人成长；一种犹如喝白开水，虽然营养不大，但是至少可以让人解渴；而最后一种则似毒药，荼毒群众，百害而无一益。他呼吁所有的艺术工作者一定要远离毒药。

但是游老师毕竟不是真的济公,他也会面对俗事、名利的困扰。一炮走红之后,各种名闻利养的事情接踵而来,有许多人担心游老师会因此而轻浮。其实对于这些问题,游老师早在1987年的时候就已经搞明白了。

当年游老师去新加坡演出,入住了一位富豪的酒店,这位富豪家产颇丰,当时入住的整个大厦都是他的,有一个记者访问游老师:"您羡慕他拥有这样的财富吗?"

"哈哈,我一点儿都不羡慕。我到哪儿都有那么多的观众喜欢我,他们喜欢我的表演,喜欢济公。许许多多的孩子都叫我爷爷,他们都来找我签名合影,这些都是济公带给我的。而他有吗?济公让我广结欢喜缘,这些他几辈子的财富也换不来,所以我一点儿也不羡慕他。"

游老师当年就明白,自己根本不是为人民币服务,在他不为金钱所动的时候,自然就更加明白自己该干什么。这么多年来做的很多事情,都以弘扬真善美为己任,尤其是钻研话剧,希冀着以艺术来惩恶扬善。如果他想挣钱,以他的知名度和影响力,接演各大卫视的电视剧便足以捞金了。但是,很多人天生便是与众不同,偏要逆流而上,他们有些执拗,有些可爱,游老师就是这样的人,但是我们所生活的美好世界,不就是这样的人所创造并且改进的么?!

济公不也就是这样的人么?

济公,济是动词,救济,利他,奉献。

你穷,他比你还穷。你破,他比你还破。

他什么物质都没有,但是大家很爱他。因为他一心只想帮别人。世事纷繁,追名逐利是没有尽头的,当有一天人们卸下名利的包袱,以济公精神去生活,他们终将摆脱沉重的肉体和精神枷锁，焕发新生。

游老师过完自己的前半生后，终于迎来了命运的垂青，他和《济公》相互成就，但他并不是一个对现状轻易满足、高枕而卧的人，老骥伏枥，这个八十多岁的老人，他还有更伟大的梦想要去实现。茗山长老曾在机缘巧合下给游老师赐字"以文艺化导人心"。游老师深受鼓舞，立志用余生践行这七个大字。慢慢地，他的心里有了一个大胆的计划。

奋斗：卖房做话剧

梦想永远不会太晚
"济公"游本昌的智慧人生

游老师因为济公一炮而红之后，并不满足于目前为观众所付出的，他想着为观众奉献余生，"以文艺化导人心"。

于是，《弘一法师——最后之胜利》应时而生。

03

我在看游老表演的时候，从头到尾脑海里一直浮现着本焕长老的画面。话剧中弘一法师的精神让我在反思，反思我是不是就是话剧当中所说的应酬和尚。《弘一法师》这部话剧要一直做下去！

中国佛教协会副会长　深圳弘法寺方丈
——印顺法师

　　看到这部戏里的画面，我觉得很温暖。这个画面在今天，乃至今后在佛教界，都是最温暖的一个画面。

中国佛教协会副会长　黄梅五祖寺方丈
——正慈法师

　　我是在台湾看的游老师的话剧，十分敬佩游老居士的发心，用话剧的方式弘扬佛法！

中国佛教协会副会长　石家庄柏林禅寺方丈
——明海法师

　　我们都是看着游老的电视长大的，游老对人生的态度让人钦佩。

中国佛教协会副会长　厦门南普陀方丈
——则悟法师

　　游老师的事迹让我们很感动！现在这个时代需要传播因果和善恶。这个跟你信哪个教没有关系，而是时代需要。

中国佛教协会副会长　成都文殊院方丈
——宗性法师

　　话剧代表表法，表法代表弘法，弘法代表修行，修行代表修心，修心才能解脱！

中国佛教协会副秘书长　寒山寺方丈
——秋爽法师

用戏剧的方式弘扬佛法，在这个当下很有意义！

中国佛教协会咨议委员会副主席　江苏佛教协会名誉会长
——无相法师

《最后之胜利》能来到天宁宝塔，让常州人民看到这部话剧，是我们修来的福报！

中国佛教协会咨议委员会副主席　常州市佛教协会会长
——松纯法师

这部话剧我在全国各地不同的城市看了总共十几遍，每一遍看都有不同的感触！我追的不止是剧，更是剧中的法。

扬州佛教协会副会长　扬州观音山住持
——法融法师

游老做这件事情非常了不起！他做了我们出家人该做的事情！

东台佛教协会会长　东台弥陀寺住持
——本源法师

人生如戏，戏如人生。戏剧也可以从技术到艺术，从艺术到信仰，这是灵魂境界的升华！

中国佛教协会理事　温州妙果寺方丈
——达照法师

从游老身上，我们看到炉火纯青的演技，更看到把困难变成情景教育的智慧。游老带伤演出，我看到了他超越身体伤痛，摆脱恐怖阴影，以驾驭自身的毅力和精神。

宁波慧日禅寺住持
——传喜法师

——为什么做《弘一法师》——

"您完成了弘一法师没有完成的事情。"这是国家宗教局的领导对游老师说的话,因为游老师把自己晚年将近十年的时间,都投入到话剧《弘一法师——最后之胜利》的工作中。

为什么游老师会想做弘一法师题材的作品呢?

弘一法师,原名李叔同,他是中国新文化运动的前驱,卓越的艺术家、教育家、思想家、革新家,是中国传统文化与佛教文化相结合的优秀代表,是中国近现代佛教史上最杰出的一位高僧,在国际上享有极高声誉。

李叔同是"二十文章惊海内"的大师,集诗、词、书、画、篆刻、音乐、戏剧、文学于一身,在多个领域,开中华灿烂文化艺术之先河。同时,他在教育、哲学、法学、汉字学、社会学、广告学、出版学、环境与动植物保护、人体断食实验诸方面均有创造性发展。

他把中国古代的书法艺术推向了极致。

他是第一个向中国传播西方音乐的先驱者,所作词的《送别歌》,历经几十年传唱,经久不衰,成为经典名曲。同时,他也是中国第一个开创裸体写生的教师。

他具有卓越的艺术造诣,先后培养出了名画家丰子恺、音乐家刘质平等文化名人。他苦心向佛,过午不食,精研律学,弘扬佛法,普度众生出苦海,被佛门弟子奉为律宗第十一代世祖。他为世人留下了咀嚼不尽的精神财富,他的一生充满了传奇色彩,是中国绚丽至极归于平淡的典型人物。

鲁迅以得到弘一的"手书"而"幸甚",张爱玲也曾说:"不要认为我是个高傲的人,我从来不是的,至少,在弘一法师寺院转围墙外面,我是如此的谦卑。"

陈珍珍在《无限景仰与追思》论文集前言中对弘一法师进行了非常凝练的总结:弘一大师的成就,已非"文化名人"或"律宗中兴之祖"的称谓所能涵盖,而是我们民族精神和文化传统的一面旗帜。

"原本我对弘一法师只是崇拜,至于演弘一法师,不敢有这个想法。但是 2009 年的时候,我在中国戏剧文学学会有一个发言,浙江一位剧作家看到我的发言,他说我能演弘一法师。听闻其言,当时我很兴奋,因为大家都认为我是个喜剧演员,但是打心眼儿里,我就认为自己是一个性格演员,能饰演各种角色。俄罗斯有一个喜剧演员,伊林斯基,以演果戈理的《钦差大臣》闻名,在世界电影史上也享有地位。他也是演了一辈子喜剧,但到了 80 岁之后,他演了《托尔斯泰之死》,是个正剧,得了列宁文艺奖。既然有这样一个先例,那我也想尝试一下。

在话剧的筹备过程中,我看了弘一法师的大传,深受感动。一般人可能认为他是一个翩翩公子,风花雪月,最后遁入空门,实则不然。曾经也有很多戏讲弘一法师的,但重点都放在他的前半生,因为有戏剧性。我看了他的大传以后,觉得按照以前那种方式不行,他人生最精彩的部分应该是他人生最后的五年时光,他的成就恰恰也都在这个阶段。弘一大师的为人,他的追求,他的人生道路,让我们很震撼。我的女儿作为编剧也深受感动,我们全家意见一致,决定做这个剧。"

但是做话剧是要用很大的投入的,游老师多方询问,几乎所有的影视传媒公司都对游老师的行为表示赞赏，但是他们觉得看不出利润，不值得一做。

游老师本身就不是为了挣钱而做弘一法师题材的话剧，他和家人商量之后，全家达成一致意见后，在北京房价已经到十几万一平的时候，他们毅然决然卖掉了自己的别墅，毅然决然做一个可能没法盈利，甚至还有极大可能倒贴的话剧。

他们不在乎，因为这件事情的意义不是用金钱可以衡量的。

游老师卖房的事情，引起了业内的轩然大波，大部分人表示不理解，不看好，甚至有些嘲弄，但也有少部分人深受感化，期盼话剧早日诞生。

游老师下定决心后，马上就开始搭建团队，他首先打通了导演查文白的电话。

话剧导演查文白说："当时我在外面出差呢，游老师就打电话给我，说你在哪儿，我给你买机票，你过来谈一件事。"

游老师做这件事情，行动之迅速让人赞叹。不仅速度快，而且很较真。在话剧《最后之胜利》剧本创作初期，游老师专门带领全剧组到北京龙泉寺感受出家人的生活。

"李叔同和欧阳予倩都是我们中国话剧的创始人之一，1907年，他们在春柳社演出了话剧《黑奴吁天怒》。后来欧阳予倩成了我们中央实验话剧院的首任院长，也成了我的老师。所以从辈分上来讲，我要叫弘一法师一声师伯。

1957年，为了纪念话剧50周年，我们和欧阳予倩老院长一起演了话剧《黑奴恨》。

2007年，为了隆重纪念话剧100周年，我们演了《吁天》，参考的就是100年前的《黑奴吁天怒》。"

最值得一提的是，100 周年纪念演出，汇集了几十位话剧、影视明星，而游老师是其中唯一出演过 50 年前《黑奴恨》的演员，50 年后，他仍然在剧中扮演当年角色——奴隶主司盖克。

"1985 年，我在杭州虎跑寺拍《济公》，那个地方有一个弘一大师纪念堂，但当时我是不知道的，后来我才知道弘一大师是 1918 年在杭州虎跑寺出的家。我 1985 年在那儿拍《济公》。寺里有座济公塔院，题字的是民国大总统黎元洪。弘一大师也有座舍利塔在那儿。两个了不起的出家人相隔六百多年，却都和虎跑寺有关系。这就是冥冥之中的缘分。

我 1985 年演了济公，2010 年演了弘一大师。《济公》在虎跑寺开拍，话剧在虎跑寺首演，这是我的荣幸。"

话剧舞台上的游老师

时光荏苒，岁月如歌。

弘一法师把自己的晚年都献给了佛法，游老师把自己的晚年都献给了弘一法师。

话剧历经长期打磨修改，终于在 2010 年首演，至今 8 年来，已经演了一百多场。

——— 普及基础上的提高 ———

2016 年 9 月,河南商丘。

《弘一法师——最后之胜利》话剧刷新了单场观看人数,商丘中学共 7000 人观看了此次话剧表演!

当我把这个消息告诉游老师时,他说:"用行动推广话剧,这是我们戏剧工作者应该做的事情啊!"

华夏神州,地大物博,虽然全国各地现在的 GDP 都在飞速增长,经济有长足腾飞之势,但是像话剧这类文艺表演基本只能在北上广深等超一线城市才有立身之地。往下到地级市甚至更小的地方,有些观众甚至对话剧闻所未闻。

为了向文化落后的地方推广话剧,游老师下定决心,带着话剧团队开启漫长的全国巡演之路。除了北上广深这样的一线城市,他们去的更多的是二三线城市甚至小县城。

游老师说:"我们作为戏剧人,要积极推动戏剧的运动。要'普及基础上的提高,提高指导下的普及',全力以赴,保证每一次的演出都是新鲜的、精彩的,让第一次接触话剧的观众,就爱上它!这就是我们的使命,这不是我们的事情,而是整个话剧界的事情。"

在商丘的演出最后,游老师来了一场特别应景的即兴演讲,他鼓励学生们走进话剧,了解艺术,并且要用戏剧的方式讲好中国故事,鼓励大家弘扬正能量。并且希望大家好好学习，能够学习有用的知识，回报家乡，回馈社会。

当晚，话剧刷爆了商丘人民的朋友圈，并且成为那段时间商丘学生们探讨的话题。艺术的影响力可不就是这么大吗！在观看了那一晚的话剧表演，听闻了游老师的即兴演讲之后，说不定就真的有学生，会对表演从不敢想象到真实可触，将来报考戏剧学院，成为话剧和表演艺术的新生力量……

—— 人生要享有权，不要占有权 ——

《弘一法师——最后之胜利》全国巡演，异常火爆，不仅在人民群众中获得了良好的口碑，也因为其特殊性，获得了佛教界人士的支持。

2013年6月1日，话剧在深圳演出，中国佛教协会副会长、深圳弘法寺方丈印顺大和尚看完话剧后，登台演讲："我在看这部话剧的时候，脑袋里一直浮现着本焕长老的画面。话剧中，弘一法师的精神让我在反思，反思我是不是就是话剧当中所说的'应酬和尚'。非常感谢游老师能把这样精彩的话剧带到深圳。我相信在游老师的感召下，这样题材的话剧会越来越多，给这个浮躁的社会带来一丝清凉。"

印顺紧握着游老师的手说："做一件事情，认准它了，就要做下去。您做的这件事情，没有钱也要做下去。这个戏，要做10年，20年，一直做下去！只要您需要，我一定会出一份力！"

中国佛教协会副会长、成都文殊院方丈宗性法师也曾连续两次邀请游本昌艺术团到成都演出："弘一法师这个题材特别好！当年，弘一法师很谦虚，经常说自己修行不够，很多人还真的以为法师修行不够，其实弘一法师的道行是非常高的！游老师主演的这部话剧，就是要让更多的人了解弘一法师的故事，让大家多向大师学习！游老师当真是了不起，我们到了这个年纪，可能都动不了了。您的事迹让我们很感动！现在这个时代就需要游老师这样的人。"最后，宗性法师写下"本菩提愿，昌太平歌"，鼓励游本昌艺术团继续向前！

2015年11月1日,《弘一法师——最后之胜利》在温州大剧院隆重上演!此次活动为纪念弘一大师诞辰一百三十五周年。演出现场,座无虚席,全国政协常委、中国佛教协会会长学诚大和尚也来到了现场。游老师在演出结束后的即兴演讲中真情流露:"感谢大和尚一直以来对我们的关心。当年在剧本创作阶段,他就给予我们指导。但是他一直都很低调,背后默默做了很多的事情。为了更加接近剧本的情境,我们全剧组一起到龙泉寺体验寺庙的生活。六年来我们已经改了七版,每改一版,我们就离弘一大师更进一步。这跟学诚大和尚所做的努力是分不开的。今天这部话剧已经演了第71场,我们谨记学诚大和尚给我们的教导,不断精进。"

一个半小时的话剧后,统战部领导感慨地说:"我走进过无数个大大小小的剧场,但是我从来没有见过像今天晚上这样安静,这样严肃的场面!是弘一大师的精神感召了大家,这就是习总书记说的,'人民有信仰,民族有希望,国家有力量。'"

最后,在大家的翘首企盼下,学诚大和尚登台,高度评价了弘一法师的历史地位和《最后之胜利》这部话剧的历史意义。

"今天是大师诞辰的特殊日子。刚刚我们欣赏了艺术家游本昌老师亲自主演的《最后之胜利》。我相信大家看了之后都会很有触动。

弘一大师的成就是多方面的。无论是在佛教,还是在社会各界,都受到了我们的敬仰。今天晚上的《最后之胜利》,也充分表达了弘一大师念佛不忘救国的精神。

在那样一个特殊的年代里,弘一大师他不仅仅是为了自己出家,为了自己了脱生死,他所考虑的更是我们整个国家,整个中华民族的前途和命运。所以在这个时候,我们作为出家人也好,作为信众也罢,应该学习弘一大师这种担当的精神,为我们中华民族的伟大复兴,尽我们自己的努力,做出我们的贡献。

所以，我觉得，今天晚上《弘一法师——最后之胜利》这台话剧的演出，无论是它的历史意义，还是它的现实意义，都是非常重大的。所以让我们再次用热烈的掌声，送给我们的游本昌老先生以及剧组的全体演职人员！"

2016年2月4日，游老师带领艺术团在香港西方寺行皈依礼，宽运法师为艺术团行礼。

在行皈依礼之前，宽运法师邀请大家在方丈室喝茶以及畅谈这两天的演出。他笑道："人有四大欲望。财富越多越好，发财还是相对比较简单的。然后就要名声越多越好。再来就是长寿越长越好。最后就是今世好，来世还要好。"

大家哈哈大笑，觉得非常在理。

师父接着说："现在提倡和谐社会，跟别人和很难，因为很多人跟自己都不和。现在很多人身心苦。别人读书，我也读书，别人工作，我也工作，别人结婚，我也结婚，别人死亡，我也死亡。大家都无暇去思考人生的意义是什么。比如，房子有70年的使用权，其实就算给你100年也没有用。为什么呢？因为这个社会所有的财富其实都是社会的，用到就是你的，用不到就不是你的。我们只有支配权，没有所有权。我们只能享有，我们不要拥有，更不要占有。因为占有也没有用，给你100年也用不到。

但是现在社会上大家的心态却都是占有的心态，比如，乘客坐在滴滴专车上，心里想的是，如果这辆车是自己的，该多好！再比如，租客在市中心租了房子，但总感觉这个房子是租来的，所以总觉得不够好，没有家的感觉。

这些狭隘的想法，把人们的生活质量搞得越来越差，身心俱疲。

其实，这些东西虽然都不归他们所有，但其他的功能，他们都在享有啊。人们花了太多的时间在追求占有权上，但是却没有时间好好用心去感受享有权。"

师父说:"人生需要多少呢?不需要太多。人生应该为了理想,为了艺术。做唤起别人心灵的事情。就像游老师的话剧,每晚都让1000人得到熏陶,通过我们艺术的渲染,把它表现出来。这才是功德无量的。

我们为什么会有烦恼,其实就是需要的太少,想要的太多,一不平衡就烦恼了。想要太多就烦恼。其实够用就好。纵使世上山珍海味,我们也不过日食三餐啊,你一天吃个五六餐,再加上胡吃海喝,早晚身体要出事。

所以一定要感恩,一定要谦卑。像游老师就很谦卑,帮到人就是帮到自己。看游老师帮了那么多人,所以他现在那么有福佑。他现在也是我们的导师。"

听闻宽运师父的话,游老师站起,谦卑地给大家深鞠一躬。

三层楼

弘一大师的学生、美术家丰子恺评价弘一大师的一生，曾用了"三层楼"的概念——人生是有三个层次的境界的。

第一层楼是物质生活的追求，这是绝大部分的人的追求。

第二层楼是精神生活的追求，是更高一层境界的追求。

第三层楼是灵魂生活的追求，也就是弘一大师达到的境界。

每一次话剧演出之后，游老师都要有这一段关于"三层楼"的演讲，"用实力让情怀落地"。

他觉得当下这个社会，是非常需要弘一大师的自律以及勇猛精进的精神的。

"我们要像大师一样'以出世的精神，做入世的事情'。弘一法师不是遁入空门，而是过了更加积极的生活，做了更加有意义的修行。"

扬州观音山的住持法融法师已经看了这部话剧15遍了，依旧对此津津乐道："别人追的是星，我追的是弘一法师。"

2015年5月9日至12日，游本昌艺术团在扬州京杭会议中心连续公演4天，为扬州的市民们带来了一场话剧盛宴！

5月11日和12日，艺术团的话剧表演在扬州观音山住持法融法师的带领下进行。

"观音山住持法融法师出家前曾任广播员工作，温文尔雅，讲话不疾不徐，双颊自然粉色，一付清风道骨之法相，颇有弘一大师之风范。"游老师曾经如此评价法融法师。

法融法师和游老师，颇有因缘。

在2005年南京举办的一场佛教活动当中，法融法师是主持人，游老师是登台嘉宾之一，那天，在法融法师的邀请下，游老师还返场演唱。

从那时起，二人在冥冥之中结下了不解之缘。

9年后，2014年11月，泉州"弘一大师——清凉艺术节"上，游老师带着《最后之胜利》来到泉州，而法融法师依旧带着充满智慧、磁性的好嗓子来泉州主持艺术节。他们再次相遇，并在第二天的座谈会上，促膝长谈。法师冒着赶不上高铁的风险，留在座谈会上，与游老师聊了自己的诸多感受。

而这一次的相遇，也在无形当中促成了2015年的扬州巡演……

法融在泉州看完话剧之后回到扬州，经常谈起自己观看《最后之胜利》话剧的感受。在一次偶然的机遇中，中集地产总经理禹振飞拜访法融法师，深受感动，离别时问："您有没有什么事情需要我帮忙的？"

师父说："我有一个心愿，就是希望《最后之胜利》这部话剧有机会能够来到扬州，让咱们的老百姓有缘看到这部作品。"

禹振飞在很多年前就读过李叔同的传记，对李叔同非常赞赏，当他从法融师父的介绍当中了解了《最后之胜利》这部剧之后，他表示一定要把这部剧带来扬州，跟观众见面！

正是在这样的因缘下，扬州中集地产把《最后之胜利》引进扬州，献礼扬州。中集地产筹办了两场，居士们又筹办了两场，才有了话剧在扬州连演四场的盛况。

恰逢在扬州演出时，《最后之胜利》这部话剧正好是第50场演出。为此，中集集团非常重视，在演出之前，还在公司举办了新闻发布会，为本次演出凝聚社会各界的力量和关注。

在发布会上，游老师动情地说："这不是一部商业的戏，为了弘扬弘一法师的精神，我不惜卖房筹款来做这部话剧，起初很多人对它不看好，但是却不知不觉演到了50场……从它2010年首演以来到现在，我们走过了那么多的城市，这一切都离不开大家的支持。接下来，我们还要前往更多的海内外城市。

这次太荣幸了，来到了美丽的扬州。扬州的扬，就是弘扬的扬啊！我们这次就是来弘扬大师的精神！感谢扬州选择了我们。"

有记者提问："您对扬州非常的喜爱，您对此次选择扬州来演出……"

记者说到这里的时候，游老师突然打断了他的提

游老师（中）许晋杭（左）与扬州观音山住持法融法师（右）亲切交谈

问。以游老师的涵养,他基本不会随便打断别人的话。

"我对扬州是非常喜爱的!但是,这次不是我选择了扬州,而是扬州选择了我。这是一个大小关系。"

游老师的话赢得了热烈的掌声。

"不知不觉都到 50 场啦。**有人说我这么大年纪是演一场少一场,而我觉得,我是演一场多一场!**"

法融师父接着说道:"这部剧能够来到扬州,是我们一生最难得,也是最难忘的事……正如游老师所说的,不是演一场少一场,而是演一场多一场,我希望《最后之胜利》第 100 场的时候还能来扬州。即使没有来扬州,我也一定到现场观看!"

"来,第 100 场,我们一定还来!"游老师激动地站了起来。

游老师说:"我们绝不让相信我们的人失望。"他言出必行,想必,这就是他在此高龄依旧对话剧全力以赴的原因。而他也在这全力以赴之中,从第一层楼艰难地向第三层楼攀行!

法融法师赠剧组法书

花开了

没有谁预料到，在 2015 年 5 月份，艺术团在扬州连演四天之后，时隔五个月，2015 年，10 月 9 日，游老师艺术团再次在扬州京杭会议中心上演了《最后之胜利》这部话剧。

这次举办多亏扬州国联制衣的总经理——吴梦雪。

2015 年年中的一天，我接到了吴梦雪女士的微信，她说十月份是她的生日，她不希望大操大办，而是希望把操办的费用拿来邀请游老师，让游老师再次来到扬州，为观众奉献精彩的表演。

我接到吴女士的邀请后，就提前飞到扬州，就演出的相关筹备事宜跟吴女士公司对接。没想到，为了艺术团这次的到来，吴女士事无巨细，许多事情都亲力亲为。她亲自开车载着我来到距离剧场最近最好的酒店，看了预定的房间。

"游老师难得来扬州，一定要让老师住好。所以我要过来看看，确保房间以及饭菜的合适。"作为身价亿万的大企业家，这些小事本来应该是她的助理和我来配合的，但是她为了此次活动亲力亲为的作风，让我很有触动，我回到北京后，跟剧组的伙伴们分享，大家都感动不已。

吴女士说："当时你们来到扬州演出《最后之胜利》的时候，我就被精彩的演出深深感动。在法融法师的感召下，我发心希望在不远的将来，能有机会把剧组再次请到扬州来为大家演出。"

因缘际会，没想到，当时她所发愿的"不远的将来"会来得那么快。

演出当日，吴女士自己并没有时间安安心心坐下来观看演出，而是忙前忙后招待嘉宾，依旧亲力亲为：除了把票分发个社会各界的爱心人士之外，她还安排了数十辆大巴，把自己公司的员工以及员工家属们都接来现场，让大家一起享受这场文化大餐！

下午演出完后，游老师带领团队一起策划，在酒店为吴女士送上一台别开生面的节目。剧组的演职员们特别编排了精彩的小品、叹为观止的魔术和悦耳的流行音乐。大家欢聚一堂，其乐融融。

吴女士说："能为这样一份事业出一份力是特别有意义的，我特别珍惜这样的机会。这个生日，我特别开心，更是难忘。这个生日不是为我一个人庆祝，而是让更多的人聚在一起，感受话剧的魅力。大家受到了话剧的教育，我觉得这比什么都有意义。"

游老师在某一个瞬间终于觉得，自己希望传播的真善美之花终于在一些人的心间盛开了。

弘一法师写书，游老师演话剧，他们殊途同归，走上了同样的道路。

—— 这是一部觉性的戏剧 ——

2015 年 3 月，来自宝岛台湾的法藏法师一行来北京大学开会，在法融法师的引荐下，结束会议之后，法师一行人特地来到排练厅探班剧组的排练。

法藏法师是台湾著名高僧，对文艺也有很深的理解，著名导演蔡明亮和金马奖影帝李康生都是法师的皈依弟子，法师的到来让整个排练厅一片惊喜。

他们一行人到达的时候，剧组排练已经结束了，游老师一天排练下来也颇感疲惫，但是法藏法师的到来，让所有人瞬间精神了起来，游老师兴致勃勃："来，我们演一遍给师父看！"

结束彩排后，为了某一个人或者事，继续再演一遍，游老师还是头一回。

果然，看完排练后，法藏法师非常兴奋：

"诸位演员，各位同学。

游老师可以说是非常忠于'以文艺化导人心'的理念。他不仅仅是为了化导人心，而且是通过艺术的表现手法，以艺载道。

古人讲以文载道，以文载道在这个时代还是很有必要的。用文字去传递一种内在的精神。可是要以艺载道，说起来它可能会更加重要，而且直接。

为什么呢？因为艺，它是多媒的！

什么叫多媒呢？

有形象，有灯光，有肢体，有眼神，有语言。

艺多了什么呢？多了行动，多了彼此之间的互动，多了你的一举一动来展现这个文艺的内容。所以它是多媒的媒介。

这个观念很重要。多媒，它来自一个很重要的核心，那就是你的心。

唯有你的心，对这个理念完全清晰之后，你的眼神，你的肢体，你的语言，你跟另外一位演员之间的互动关系，才可能高度一致。

古人讲叫'入木三分'，我就不这么讲，我把它叫作'借位显体'。借你身体互相之间关系的那个位置，来显你内心最真实的体验。

这是'艺'当中最高的境界，这是无止境的追求。

为什么我这么重视这个事情？说来也是有缘分。

我在台湾跟人家讲，如果我有钱来办佛学院的话，我只办两种学院。第一种是佛教历史研究佛学院，因为历史是人的轨迹，它展示一个活生生的经历和奋斗的过程。第二个，就是佛教艺术佛学院。

蔡明亮导演固定的演员就那么几个，既不帅也不美，但是却有很强大的张力去表现蔡明亮导演想表达的内容。

蔡明亮导演的理念完全跟游老师的精神是一致的，都来自对生命，对艺术的一种赤诚的敬仰。

艺术有一种最重要的精神就是分享。分享不是来自票房。分享是来自你内心最深的对生命的敬仰。

这种敬仰，要透过演员和观众之间深刻的心灵交流才能完成。

所以它不是造作的行为，一般人认为你就是在台上演一演而已嘛，你就装出来就对了嘛，不是这样子的。

你说入戏了，那就忘了你的身份了，这样也不对。我们常说附身了，其实也不是这样。而是一种你跟这部剧里头的精神，一种内在的互动交流，然后由你的身心，全身心地诠释。你没有失去你自己，而且你还诠释了戏剧当中最真实的真理。不要忘记，真理在弘一大师身上，也会在你的身上。

所以你并不需要失去你来演弘一大师，你也不需要失去你来演济公。然后你却在生命的最深处和弘一大师融合了。

这个世界上还有太多的人没有意识到这个的重要性。但是，你们是前行者，你们也不用担心，担心以艺载道会不会过度僵化了艺术，你不用担心。为什么？因为道的本身是活脱脱的内涵，它绝对不僵化。

西方的艺术和艺文很强调个人内心的探索跟表现，可是我要请问你，你内心里头的探索，连你都还在探索，那你要给观众什么？

杭州有一对夫妻，留学法国艺术学院，回到北京之后有一件事情很困扰，因为他留法，回来之后呢，他们首先就要选边站。到底我要做他这个系统的，还是另外一个系统的？他们家三代艺术家都是画画的。

在艺术界里，大家都有师承，那你从法国回来，那你的师承是谁？你又要靠谁来提拔你？

那对年轻夫妻在法国学艺术是在自由风气下，回来后马上就要选边站，他们有点苦恼，问我怎么办？选边站会不会出卖了艺术心灵，不选边站会不会出卖了他的现实，毁了他的现实。

那我就跟他们这样讲，我说西方艺术主要探讨的是大自然和你内心个人的表现。中国的传统艺术表现的是天人合一这样的观念。可是呢，永远各自走各自的路，也不一定会有结论。

然而有一条路，一直是空白的。那就是以内在觉性为主导的艺术内涵。什么叫作觉性？

比如，老师常常跟大家讲去峨眉山朝圣有了感应。这个感应不会是他想象出来的，如果说只有他看到，那可能是他想象，但是好多人都看到，那就不是想象。

我们现在也看到了，游老师把房子卖了才有了现在所努力经营的这一切。

如果让他去阿谀奉承获得资助，他不是这样的人，如果他是这样的人他也不会把房子给卖掉，对不对？

这就是我所说的觉性！

我今天在意外的情况之下，知道游老师居然在这条路上面走了好多好多年了，而且已经走到了他内心深处，可以说是这个时代的开山阶段。

那么你们，就要在这个继承当中将内心的觉性，慢慢唤醒。在表演任何一出戏剧时你都不要忘记，在演的过程当中，深入到所演的情境。无论你演的是小沙弥，演的是老和尚，或者是旁边的路人甲，请你都记得，无论你演的是谁，你都跟这部戏的最核心的觉悟是相结合的。

这里头没有所谓的主角跟配角的关系，因为弘一大师如果没有周边的人，那他也无法展示出弘一大师的样子，如果没有15岁的青年写信给他，说他是应酬和尚，那也无法展示弘一大师内在觉悟的层次。

如果没有他日本的那个太太来寻求见面，也就不会有他重新面对情爱的过去以及今后的觉悟。

在绝情与友情之间的斟酌、拿捏、转境跟升华。这里头，即便你只是演那个小沙弥的，其实你就在这个整个戏，任何一个细节当中，都展现出一个完整的整体，那就是内在的觉性。

这种内在的觉性让弘一大师来完成，然后你们确是他觉性的一部分，了解意思吗？所以说所谓的投入，已经不单纯是指我个人投入在舞台当中的角色，而是去聆听，去感受。

整部戏当中当然会有看起来相对是主角的那个人，可是作为周边的人，你完全是可以感受到整个生命的情境是一体的，这样子的戏剧的演出是磅礴的，是感人至深的，而且整体内涵在震动。

因此，即便他只出现在了三分钟的剧情里，他的投入已经不是造作的投入，而是融入整部戏的生命当中的投入，那个投入不再是技巧而已，这就像是中国人画画，刚开始是技巧的，最后已经融入生命的结构当中。

诸位啊，这既不是东方的，也不是西方的，这是完全的一块处女地。是以觉性作基础，所焕发出来的。我一直在借机会，在导引这样的艺文行动。所以诸位有幸跟游老师在一起，做这种开创性的艺术创作，每一出都让你接受，每一出都深入了核心，全人类都渴望看到这种智慧。

生命不会天然的就已经这么完美，从不完美当中才能够唤醒内在的觉性。

觉性之树，要以大地为根。你知道吗，觉性之树也要有土地，土地是谁？土地就是众生。所以当诸位在演任何主题的时候，你面对的观众就是土地，你在展现一个觉悟的内涵。

因此，一切的观众，他的心跟你在现场演出的时候，你是要撩动，你是要深入到一切观众对本剧的觉心当中来。这是一颗觉悟之心。你并不是用一种很煽情的方式在表现。

这样子的表现方式是一种觉性的互动，互相的流露跟吸引，这个真的是一个艺术的境界。在某个意义上真的会让人感到很高深，高不可攀。

然后，不就是因为这样，我们的艺术工作每一出才充满挑战，每一出才充满成长吗？！

诸位，往前行吧！大家继续向前，这是开山之路啊！"

剧组所有人都被法藏法师充满智慧的演讲所感染，他诠释了什么是最高层次的表演，游老师及演员们一度感动落泪……

法藏讲到最后之时，游老师已泣不成声。他知道，自己碰到了知音。

"大部分的演员都是从角色出发,而游老师您的表演,是从觉性出发。真正有力量的文学是一层层推给你的,是暗涌推给你的。做好一部话剧,大家就会给你掌声。做好一部觉性的话剧,大家就愿意陪你走下去!"

法藏师父意犹未尽,聊起自己的得意门生蔡明亮。他在大家面前表演了一段蔡明亮导演的戏剧,一人饰演三角,并告诉大家其中蕴含的道理。他还讲了一些一般人不知道的幕后故事,蔡明亮作为国际大导演,曾经自己放下身段去西门町街头卖电影票,就是希望大家可以走进电影院支持电影。

情到深处,游老师为之动容,一度潸然泪下。

"我为什么会那么动容呢?演戏不就是行动和相互行动吗?但是还不够啊,我们的祖师爷斯坦尼斯拉夫斯基,他的表演体系,没有像师父说的那么透啊。今天是一个完全创新的理念出现了。我一直在讲'三层楼'的概念,一楼物质,二楼精神,三楼灵魂。弘一大师上的是三层楼,就是觉性!今天我看到了法藏师父,我看到了什么?我看了弘一再来啦!这个再来,他不是一种物理关系,而是一种因缘的关系。最近我也一直在思考,我接下去要往哪儿走,我把我50多年前学的斯坦尼经典的表演体系跟我最近对生命的感悟,结合起来,一切就太有说服力了!由此,我也更深深知道我演弘一还远远没有足够,还有很大的进步空间去达到化境。今天听闻师父教导,我更加深刻理解了当年茗山法师给我们的'以文艺化导人心'的任务。

让我们怀着崇敬之心,继续前进吧!"

—— 意外骨折 ——

虽然游老师数十年如一日地坚持锻炼，但是，他毕竟已经是一位八十多岁的老人了。尤其是他日复一日地将自己所有的精力都投入到艺术创作之中，凡事都要亲力亲为，身体力行。

意外还是发生了。

2015年3月31日下午，艺术团排练厅在合成最新版的舞美，场地交由幕后组工作，演员们无法排练。游老师没有因此让大伙儿停下排练，而是召集大家一起在多媒体教室工作。游老师一边回顾之前演出的录像，一边指出录像里演员们表现不足的地方，让大家看着自己的表演找自身的问题。

游老师看录像看得格外认真，他的视力在平时不是特别好，但是在看这些表演录像的时候，视力聚焦得比谁都清晰。他一边看一边想，看到不足的地方就让视频暂停，然后让大家一起来探讨这一段大家所看到的问题。

游老师在自己的专业上十分较真，"眼里容不得沙"，在他的认知里，表演就一定要干干净净。所以，就光短短的一段开头片段，游老师就暂停了5次，停下来讲解了5次。

他先是让大家各抒己见，然后自己再做补充。如果发现演员们没有听懂，他就会站起来亲自示范。

其中开场有一段戏，演员要上场赔罪，就这么一个简单的上场，我们愣是走了好几遍都不过关，游老师按捺不住，又站了起来。

也就是游老师这一站，把大家吓得魂飞天外。

当时游老师一直是跷着腿坐在椅子上的，他是一个经常性"思想走在身体前面"的人，身未动，心已远，他迅速站了起来，却忘记了此时此刻自己还是跷着腿的姿势……然而身体重心已经把整个人都带了起来，两只腿没来得及调整姿势，就在这一刻，他失去了重心，摔倒了！

大家一片哗然，赶快上前搀扶。

游老师脸色苍白，呼吸急促，这下真的是出大事了！游老师形容自己当时的感觉："头很晕，手疼得已经感觉不到它的存在了。"

打过120急救电话后，所有人都忙碌了起来。

田垄和我飞奔到马路边等待救护车，那速度比我参加百米赛跑还快！

"救护车在执行任务的时候，为了赶时间是不是可以逆行的？"我慌张地问田垄。

"是的！"

我的心悬着，整个团队的心都悬着。

在大家焦急地期盼中，救护车终于来了！游老师被急忙送到了医院，所有人停下手上的工作，全部前往医院。

平时，杨阿姨腿脚不太方便，走路缓慢，上楼梯的时候都需要有人扶着。她和大伙儿一辆车抵达医院，一下车后，她竟然箭步飞身直奔紧急室，到了紧急室之后不跟其他人说任何话，一把手紧紧握着游老师的手，时间仿佛就在那一瞬间凝固了。这两位老人相依相伴五十多个年头，风风雨雨一起走过。她用手掌的温度告诉游老师："别怕，有我在。"

经过医院的拍片诊断，情况不妙，游老师左手骨折！

手术

游老师骨折的消息对整个艺术团来说犹如晴天霹雳!

即将到来的下个月的话剧演出已经不是最重要的问题,游老师的演员生涯乃至日常生活是否会受到影响才是大家最关心的问题!

主任医师宣布治疗方案:"如果采用中医治疗,相对比较保守,没什么风险,但是时间至少要半年左右才能慢慢康复。如果采用西医治疗,那么一个月的治疗效果能顶得上半年的进度,只是需要全身麻醉,我担心游老师的身体是否扛得住。"

游老师和夫人陷入了两难的思索中,主治医师也在旁边等待答案。游老师沉默了一会儿。他想起接下去四月和五月的安排,许多地方的演出已经确定了,大家从去年就翘首期盼着艺术团过去巡演。如果此时此刻选择了中医的治疗,无异于是宣布今年所有的计划全部取消。想到这里,游老师不忍辜负大家,他和夫人商量之后,做出了最后的决定:用西医,立即手术!

这样的一个决定让团里的成员都很意外,更多的是担忧,因为手术本来就有一定的风险,更何况患者可是83岁高龄!此刻的游老师无比镇静和决绝,仿佛中央实验话剧院出来的艺术家,身上都流淌着一股"戏比天大"的血液。

"你们快去排练吧,你们还有很多的功课需要做,不要耽误了!我这里没事,不用担心。"

在医院的大厅,游老师的女儿游思涵把大家都召集在一起开会。大家在一个角落里蹲在地上围成一个圈，每个人心里都有一种说不出来的夯实，这种莫名的凝聚力涌上心头，让每个人心里都很温暖。

思涵说："今天发生了这起事件，对我们接下去的演出和排练都会有很大的影响。但是我不希望因为这个事情影响大家的工作进度和心情，所以我们自己要排练起来，各个部分都不要停下来，我们要让老师看到我们在继续努力！我们一定不要让老师失望！"

大家心里拧成一股绳，团结的力量在每一个人身上流动着。

此时，我靠在医院走廊的窗户边，陷入沉沉的思索。明天是4月1日，是许多年轻人定义的愚人节，我要在这一天跟各地的主办方宣布艺术团4月份的演出全部推迟，这真是一件让人难以开口和不愿接受的事实。这样的事情在艺术团历史上还是第一次。

观众都期待看到游老师的到来，所有的场地布置、门票分发、宣传工作全部都已经执行到位，现在的改期无疑让对方的努力泡汤，突然降临的这个事件也让所有人措手不及。

"只要真诚就可以解决一半儿以上的问题，"游老师的话回响在我的耳边。我整理了下情绪，拿起手机给扬州演出主办方负责人秦雯打去了电话。

"雯姐，我这里有一个消息要告诉您，我要提前说一下，这个消息，绝对不是愚人节的消息！游老师今天下午排练时受伤骨折了，现在在医院，正准备接受手术。4月11日的演出他无法完全康复，所以我们只能延期。如果因此而产生的任何损失，我们愿意来赔偿。十分抱歉！"

我尽可能用最短的话表达最多的内容，因为这是一件我不愿意面对的事情。

我说完之后，感受到电话那头一个惊叹的停顿，秦雯表示明天上班的时候会召开紧急会议，商量如何解决问题。

当天晚上，游老师住进了医院 ICU（重症加强护理病房），正式进入准备手术的阶段。那天晚上，我留在病房里照顾游老师。

—— 煎熬的一夜 ——

在病床旁边,游老师一直让我找一个舒服的地方安心睡觉。我心想这时候哪儿还睡得着呢。

病房里除了游老师之外,还有一位奶奶和一位五十岁左右的阿姨。奶奶 92 岁,非常瘦小,夜里一直在咳嗽,看起来特别虚弱。而另外一位阿姨,是一位刚刚被截去双肢的病人。她们都没有家人在身边陪伴。

那个晚上,时间仿佛过得好慢。慢到我能清楚地记得当时发生的每一个细节,细至毫厘。我记得游老师每一次地睁眼,我要保证游老师第一眼能看到我,保证他想喝水、上洗手间的时候,都可以顺顺利利。

第二天一早,护士过来给游老师抽血、打针。看着那个冷冰冰的针孔扎进游老师的肉里,我这个二十出头的小伙子甚至都有点发怵。游老师默默地闭上眼睛,针孔扎进的一瞬间,我心头一紧,眼眶湿润起来。

"疼吗?"我问。

游老师微笑着:"**不疼。这就是无常啊。生命在一呼一吸之间转瞬即逝,这点疼痛不算什么。**"

游老师是一个非常勇敢的人！为了可以快速恢复，早日重返舞台，他选择了最疼痛的治疗方式。所有人见到的游老师，都是舞台上那个风风光光、前呼后拥的游老师，但是能够见到游老师此时此刻为"化导人心"而遭受磨难、踽踽而行的人估计也就游老师的家人和我们这些学生了。

那一天，游老师抽血的那个画面深深地刻在我的脑海中，一辈子也挥之不去。

—— 你们帮我成长 ——

游老师在康复期间，得到了医院的许多照顾。

为了让游老师得到更好的疗养，医院几经周折，在本来资源就很紧张的情况下，为游老师腾出了非常宝贵的独立休息室。

每当医院给他便利之时，游老师总会感到很抱歉，不希望大家为他开方便之门，他希望和大家采用同样的待遇。当医护人员再三要求他安心养伤时，他会再三感谢，衷心感恩济公赐予他的福报。

三十年前，游老师用生命诠释了济公，不管风吹日晒，都是全力以赴对待每一个细节。这三十年来，他总能享受因为这个角色给他带来的很多福报。而且他特别珍惜这样的福报，只要学生们在身边，别人对他好，别人一走，他就会跟学生们说："看看，人家对我们的好，我们不能白白享受。而是更要在我们的话剧上下苦功，才能对得起大家的厚爱。"

一般情况下，人受伤之后，都不太愿意过多详细谈起受伤的事情，但是游老师不同，每当聊起这件事情，他都谈得非常幸福！

那段时间，我每次都要给游老师做半小时的康复理疗。期间我还会时不时跟游老师开玩笑，缓解气氛。

"当时做手术的时候，您怕不怕呀？"

"人人身上都有癌细胞，你要是怕死，癌细胞就向你进攻。"

他睿智而幽默的回答化解了我的担忧。

有天下午，剧组大部分人相约来看望游老师。

游老师躺在床上，看到大家过来了，依旧迫不及待地跟大家分享他最近的想法。一只手在输液，另外一只手在比画。

有人曾经说过："当我们不知道要干什么的时候，就是身体和思想一定要有一个在路上。"

而游老师是身体和思想总是都跑在路上，而且是用力奔跑的那种。

游老师说："大家这个时候还在工作，就是对我最大的安慰。"

在探望之前，游思涵组织了剧组的演员在排练厅集合，回忆那天老师受伤时大家的感受，让大家把自己的感受讲出来，希望能调动情感，增加大家的演技。演员这个职业跟其他职业最大的不同是，演员需要经常保存自己的生活感受，在舞台上需要的时候就能拿出来。

思涵把大家的感受一一记录下来。大家一个个说得很慢，说得很累，因为在回忆一件终生难忘的事。

思涵记录下来后，都给游老师发了过去。

"这次，是大家给了我成长的机会，谢谢大家。"

游老师躺在床上，其实大家都看到了他噙满但忍住没有流出来的泪水。

带伤排练

在游老师受伤后的第二天,秦雯打来电话。

"我们公司早上刚刚开完会议,周总让我代表全公司慰问游老师的身体,希望老师身体安康。演出的事情老师不用担心,我们会处理好延期的事务,扬州人民期待着游老师养好伤,莅临扬州。"

当时全剧组上下都非常感恩主办方的谅解,在排练厅铆足了劲排练,为的就是能把更好的演出呈现给大家。游老师在医院稳健地做着康复治疗,同学们在排练厅如火如荼地联排。游本昌艺术团这辆文艺列车,正全速向前行驶着。

漫长的等待之后,游老师终于出院了。

他并没有选择在家里休息,而是绑着绷带来到排练厅坐镇,虽然身体上不能参与,但是思想上绝不掉队。游老师看见大家在表演上的疑惑,他依旧会讲解,激动的时候还是会站起来,每次他站起来的时候,我们也会跟着站起来,生怕他再有什么闪失。

大家老是提醒游老师要注意身体,可是他却说:"朝鲜有一句名言,'知道你自己得了什么病你就好了一半了。'我知道我是重度骨质疏松,那我就要开始提高注意力,就像自己的老爷车,自己知道是什么情况,自己开我也照样无碍。如果开法拉利,而你却不了解车的情况,你上到马路上就有风险。"

看着游老师在排练厅的这般激情,如果把他手上的绷带忽略掉,很难想象这是一个刚刚做完手术的艺术家。

......

那段时间的排练,游老师哪怕就坐在那儿,什么话都不用说,对艺术团的每一个人来说，都是一种强大的力量。他分分钟都能带给演员们精神上的动力，让大家在排练上下足功夫。以至于那段时间的排练质量被大家公认为是有史以来最有质量的排练！

这就是游老师身体力行的精神力量所给予的呀！

伤后首演

2015年4月24日,山东临沂大学是游老师康复之后的首演之地,此次演出距离游老师受伤才仅仅25天。

许多人都劝游老师,要不再等等吧?

可是游老师认为自己的身体已经没问题了:"不能让大学生久等,这一场必须要上!"

当时,游老师身上的绷带还没有好到脱掉,所以他得绑着黑色的绷带上台演出。

那一场演出,每一个演员都异常小心,演出过程当中有一半的精力都在游老师身上,生怕他出点什么状况,好赶紧采取措施。

演出过程当中,游老师的左手全程是绑着黑色绷带的,虽然绷带的颜色和演出的服装相近,但是大家还是担心观众们会产生疑问:为什么弘一法师要绑着这个绷带呢?

演出结束后,我去找几位观看话剧的大学生聊天,才发现自己的担心完全是多余的,因为游老师已经完全将绷带融入表演当中,并没有表现出不舒服的模样,观看话剧的同学们一个个都很惊讶:"啊?游老师受伤了?手上那条黑色的绷带是游老师绑上去的?我还以为弘一法师就是这样子的呢。"

游老师伤后的首演非常成功,而且这也是《弘一法师——最后之胜利》第一次走进大学表演。同学们看完了演出后大呼过瘾,学校的领导更是表示:

"这才是现在大学生们应该看的文艺作品,就连我们老师也很受教育!明晚的演出我要带更多的人来看,实在是太难得了!"

演出结束之后,传喜法师跟剧组一块在酒店用餐,他感叹道:"今天,我看见游老绑着绷带在台上坚持演出,无比感动。今天,我看到了游老和弘一法师相同的精神。我还看到思涵上台谢幕时,眼睛一直盯着爸爸,看到爸爸在台上一直坚持着演出,她心疼,我看着也心疼。但是看到大家的演出那么的完满,我心里也算是得到慰藉啦。感谢游老在临沂为大家送上这一场有意义的演出,大家不仅仅看到弘一法师忘己济群生的精神,更看到了游老忘己为大家奉献的精神!这已经不单单是在演戏了!更是超脱到一个更高的境界!大家看完了话剧,再了解了幕后的故事,一定备受教育。之前看游老演出是艺术家的情操,现在看游老演出,完全就是圣人的情操了!"

传喜法师在讲这番话的时候,眼里是含着泪的。

—— 人人为我，我为人人 ——

游老师特别喜欢跟我们分享感受，出院后，跟我分享的第一个感受就是：他在医院领悟到了，什么叫作人人为我，我为人人。

我听得很奇怪："不是应该先'我为人人'，然后再'人人为我'吗？"

"当我躺在医院床上的时候，动都动不了，生活无法自理，一下子就让我想起我们还是小孩的时候，那时候不也是这样的吗，很多事情都需要别人来帮我们。小时候，别人帮我们穿衣服，帮我们打扫卫生，帮我们做任何我们做不了的事情。

从我们生下来，一开始就是人人在为我们服务，所以长大了之后，我们应该要为人人，这是出于对大家的感恩和对社会的回报。

这就是我对'人人为我，我为人人'的理解。"

那段时间，游老师经常会跟大家分享自己在医院的感悟。

2015年4月26日上午，在山东临沂鸿儒美术馆，游老师受邀和传喜法师一起为广大的观众朋友进行了一场别开生面的讲座。

与往常游老师在台上的翱翔自得相比，今天的游老师，左胳膊绑着绷带，胳膊吊在胸前，但是谈话的风格依旧还是保持一贯的不拘形迹。

游老师在排练过程中，不慎摔伤手臂，人生无常，但是游老师在剧组里，硬是把一件痛苦的事情，变成了生动的教学课。

游老师在讲座上说："通过这次摔倒，我们获得了成长。

第一：我们对弘一大师的戏的内在精神更加理解。这部戏的核心就是大家对弘一大师的爱和敬仰，但是，我的学生们以前总是找不到为弘一法师生病而担忧的情绪感受，经过两年的排练，演员仍没有达到相应的情绪水平。

这次负伤意外的收获是，我看到了学生凝重的神情和真切的关心。

每一个演员在心里都发生事情了。我躺在床上，远远看着在门口的韩超（在戏中饰演大师的侍者），一句话都没有，但是表情特别凝重。我心中想，这就对了，感觉全都有了。**我这样摔一下，比我给大家讲一年的课都管用！**

因为有了这样的情绪记忆，演出时演员们情绪饱满，精神集中，剧组作为一个命运共同体达到了成熟的状态。为此，我自己尤感欣慰。

游老师手术期间

第二：虽然我的身体终究是要归于虚无的，但是他是我传播艺术的载体啊，所以这次这件事情还是提醒我，得好好保护身体。我们的痛苦不能白受，必须要有所收获。"

主持人请教传喜法师："像游老一样，我们在人生遭遇逆境甚至灾难的时候，该以什么样的心态面对呢？"

传喜法师说："人具有先天的局限，这提醒我们思考，如何提高自己的能力，来自助并且助人。从游老身上，我们看到炉火纯青的演技，更看到把困难变成情景教育的智慧和超越身体伤痛，摆脱恐怖阴影，以驾驭自身的毅力和精神。要在利他当中遇见自己，先要把自己训练成能帮助他人的人。否则，就会像地震中盲目救灾的人那样，反而成为别人的负担。"

游老师说："世事无常啊！当我们有了这个无常观念之后，我们不会悲观，反而会让自己更加珍惜每次相聚。因为我们不知道这一次聚会是不是最后一次，所以我们就不会在聚会的时候总是看手机；因为我们知道了无常，所以每一次跟父母在一起的时候都格外的感恩，不会因为自己身上的一些习气而跟父母吵架；也正是因为我们有了无常的观念，我们就不会轻易认为因为有明天，所以我们就有资本挥霍时光。"

—— 弘一和济公 ——

"您觉得扮演疯癫的济公和文静的弘一法师,有什么不同的感受吗?"

在近些年的采访里,这是游老师被采访过的频率最高的问题。

了解游老师的都知道,他不仅仅是一名非常出色的喜剧演员,更是一名性格演员,可以驾驭许多性格迥异的角色。但是不了解游老师的人,脑海当中的印象依旧停留在 30 年前的济公上,以为游老师只能演这一类嘻嘻哈哈的风格,不知道演庄严的法师是一种什么状态。所以当许多记者得知游老师扮演弘一法师的时候,都忍不住向游老师请教。

2015 年,游老师参加在香港演出的新闻发布会,他是这样说的:

"弘一和济公,两位角色从出发点和发心是一样的。

只是相上不同。

一个放浪形骸,一个沉潜心胸;一个修心不修口,一个严格持戒,但他们的种子是一个,就是佛心,一颗觉悟的心。

他们都是一心为公,一心想着人民的。所以我在演的时候,不是想着怎么从塑造角色的角度进入,而是从发心进入。只有从这个高度向两位大师靠近,才能更好地融入。不应该仅仅把它当成一个角色在看待,而应该是高山仰止。

想要塑造好这个角色,唯有'真诚'二字。不是想着如何去演,而是设身处地在当时的时代背景和人文环境中去思考。这种超越表演的形式,我相信会更有感染力。这是一个永远完不成的角色,他需要我永远攀登。"

从济公的幽默诙谐，到弘一大师的严肃谨慎，游老师在突破自我方面做出了很多尝试。在他看来，济公不仅是他演艺生涯中的一个重要角色，也是改变了他世界观的重要人物。

通过塑造济公形象，游老师学习了许多佛教文化，也有许多的缘分亲近出家人，这些感悟都内化成了自己的一部分。而这些体验，也成为他刻画弘一大师时最坚实的基础。

"**济弘同源，天下为公**。"是的，在最核心的本质上，他们其实是同一个人。

信仰：演员的诞生

梦想永远不会太晚
"济公"游本昌的智慧人生

游老师因为其已臻化境的演技被观众所熟知并喜爱。游老师对表演是有极高的追求，甚至是到了一种痴迷的境界的，表演艺术是他一生最为看重的事情，在这个方面，他拥有着常人所没有的"洁癖"。他从很早以前就开始致力于教学培训，不光是针对自己艺术团的学生们，也对外开放，他希望通过自己的努力把表演艺术让更多演员受益。

04

备课

2017年1月，游本昌艺术团准备在杭州做一次面向社会的表演教学培训。为了准备这次课程，游老师没少花心思。

这次游老师带领的教学团队阵容强大。每个教学老师都是艺术团的话剧演员，他们在舞台上演过很多角色，游老师认为只有老师们自己有丰富的表演经验才能教出优秀的学生。

早在2015年，游老师就带领轩轩、剑光、田垄、运佳还有我，每天都在家开会研讨。我们把《演员自我修养》以及市面上能买到的表演课书籍都研究了一遍，然后，游老师根据表演经验，一一进行总结，几个人每天头脑风暴，最后落实成教学大纲。

2015年到2017年这两年之间，我们不断实践总结，整个团队统一了创作语言和教学意识，在出发来杭州开课前，游老师每天把大家召集在一起，把每天要教学的内容都过一遍。

游老师拥有七十年的表演经验和六十年的教学经验，大大小小的教学场面，他见得太多了。面对杭州的这一群小朋友，游老师即使闭着眼睛都能给他们上一堂生动且难忘的表演课。但他的素养要求他自己对每一次活动都必须专注和重视。

游老师再三强调："**我们绝对不是在培养小明星，教孩子们应付艺考！**而是让孩子们通过表演的方式，激发自己的潜能，打开自己的心灵，学会表达自己，独立思考，团队协作，让孩子们**在竞争中可以坦然面对暂时的失败，以及从困境中平衡自己的心态和情绪**，这在他们的成长中比应付考试更为重要！"

游老师对教学有着极高的期待和要求，对施教的青年教师们自然更为严苛。

一位老师接受过非常专业的表演训练，并且他（她）的演技在各大影视剧平台都得到过不错的反馈，但当他（她）准备从事教育工作时，有一件事情是必须面对的：**会表演和会教表演，是完全不同的两件事。**

在挣快钱的当下，很多人只有半桶水就出来教课，很多人自己的基础都还没打好，就去教学生，很容易把自己的一些习气也教给学生，最后耽误孩子。

比如说，教师在课堂上的目的是让小孩自己来编写剧本，自己活跃起来，不干涉孩子们的创作，老师只是不断引导和总结。而在一些教师的课堂上，很多人根本不是教表演，而是在让学生们按照他所设置的情景，去一板一眼地演。这样的话，孩子们就失去了很多创造性。

一次颁奖典礼，有一位导演说："游老，真是赞叹您的匠心精神！"

游老师说："其实，做任何行业都应该有匠心精神，唯独演员这个行业，需要有不断的创新，不能刻板。"

表演是如此，教表演更是如此。

反观当下国内一些培训机构，一味地为了赚钱，而聘请专业上参差不齐的老师，结果影响了很多人对艺术这条道路的认知。

绝大部分的课堂下课后，老师们都是赶紧回家，而艺术团的老师们则把同学们聚在一起，拿出自己宝贵的休息时间，和学生分享当天的编排灵感，选故事的理由，或者讨论今天让学生们最喜欢、最有感觉的事情……这样的小小交流绝对能够带给学生大大的收获。

多大的付出就有多大的回报，备课之中付出的心血都将在教学成果上得到体现。经过长期的准备后，杭州教学课总算要开始了。

—— 天哪！全额退还学费 ——

2017年1月18日，游本昌艺术团开办的"济公学堂"第一期青少年德艺特训营在杭州顺利开营。

没有人预料到，在开营的第一天，游老师就宣布了一件震惊教育培训界的事情。

"每个人交的9800学费，全额退还！6天课程完全免费。让我们做一次真正的公益训练营！"

现场所有人听到这个消息，一片错愕，在良久的惊诧造成的死寂之后，会场爆发出孩子们雷鸣般的掌声和欢呼。

所有人都很费解，天哪！游老师为什么要这么做？图什么呀？费力不太好，赔钱赚吆喝？

在艺术团一行出发来杭州之前，游老师的一个紧急电话把正在开会的我紧急召唤到家中。当时，游老师的夫人杨惠华，女儿游思涵都在。听了游老师的话后，围坐在沙发上的几个人，一脸发蒙，面色凝重。

游老师缓缓地说："对，你们没有听错，这次培训课，我要办成公益的。"

以游老师经常做公益的事迹而言，事情本身并不让他们感到惊讶，但哪能猝不及防就来这么一出啊。他的想法一出来，几个人都不理解。

杨惠华阿姨赶忙问:"你到底什么意思? 要说清楚。我知道你做事都是深思熟虑的。"

游老师娓娓道来他的想法。

一、三十年前济公电视剧就是在杭州的灵隐寺开机,7年前游老师主演的话剧《弘一大师——最后之胜利》也是在杭州首演。游老师对杭州有着特殊的感情。

二、1962年,他参与创建了中央电视台少年电视演出队(即银河少年艺术团),担任表演教师,并导演了我国第一部少年儿童电视剧《扣子》。他是新中国建立以来,党培养出来的第一批青年演员,他是免费上的戏剧学院,而且还拿钱,所以他现在办学也想免费。

这是"济公学堂"面对全国第一次招生,他希望能够感谢所有人的信任,并且要**还戏剧于人民**。

游老师用心良苦,有理有据,在场几人感动不已,为其折服,表示支持他的做法。

散会后,凌晨一点,游老师还特地发微信跟我说:千万保密。以免众多人知道是免费之后,大量拥挤进来,不珍惜这次机会不要紧,造成意外踩踏受伤就不好了。

游老师当真是用心良苦。

这个消息一直隐瞒到了最后,就连艺术团的其他青年老师,也是在上课的时候,才同步知道,开班第一节课,游老师就任性地给每个济公娃们发了9800元的红包这一消息。所有人知道游老师的用心之后,无不表达对游老师的赞叹。

在教育培训界,有许多高收费的,有许多低收费打折的,甚至有高收费作为保证金，然后让学员们学习后再以奖金形式返还给学员的，但是在第一天开课前就公布，收费只是跟大家开的一个玩笑，这样的形式，所有人还是第一次见。

第一天下课回到房间，游老师很开心："为什么我要不收学费甚至是贴钱办这个戏剧实验班？因为我们能感到一种自在，一种感恩心的回馈，一种因果。精神的自在，生活的自在，身体的自在，这是最大的幸福。"

如果中国的教育少一点营利性的目的，多回归一点本真，那或许是真有一番新天地了。

—— 改变基因 ——

表演班上，游老师让孩子们模仿动物园的各种动物，看谁能在这个环节当中更好地解放自己的天性。

大象、老虎、狮子，这些动物一下子就"出现"在了教室里，好不热闹。有绝大部分的孩子竟然不约而同地选择模仿猴子。

有的模仿猴子走路，有的模仿猴子吃香蕉。

眼前这一幅景象虽然热热闹闹，生机勃勃，但距离游老师想要的效果还相差甚远。游老师希望他们能真正融入动物的内心世界，感受作为猴子在行动中的感受，而不是在形体动作上装模作样，往地上一趴就以为自己是猴子了。

有的孩子，甚至一直停留在有趣、好玩的游戏心态上，完全没有从这样的状态当中切入学习频道。

这个时候，游老师安排教师组播放了一个小品，这个是游老师与郭冬临一起出演的《人与猴》。里面游老师演的就是一只情绪变化无常的猴子，他在小品里把猴子演绎得惟妙惟肖。游老师精湛的演技把孩子们看得乐呵呵的，有一位孩子甚至说："如果不是游老师长着一张人脸，我真的以为那就是一只猴子了。"

面对孩子们这样的认可，游老师万分感慨。他希望孩子们可以从自己的作品当中，看见自己努力的方向。他说："当年我为了演好那只猴子，我去北京动物园观察猴子，它的一举一动，我都需要在心里反复揣摩。"

"当我们真正想去模仿的时候，应该多观察，而不是一开始就直接去演。猴子对食物的判断、行动的速度、拿东西的姿势，跟人是有很多区别的。

我们在没有进行足够观察的情况下就直接去演，只会让自己离真实的猴子越来越远。

当我们观察足够多的时候，**我们就能改变基因**。"

大家对这个新名词感到很好奇，很有趣。

"我教过一名北京史家小学的学生，非常有天赋，他说'演戏的时候，我们应该改变自己的基因'，我被这句话彻底地吸引了。这就是我的老师要求我们做的，也是我要求你们做的。"

有人对事物和模仿对象有了足够的观察之后，依旧很难把角色诠释好。最主要的原因就是没有改变自己的基因，表演者依旧是生活在自我的状态当中。

改变基因，这是从普通模仿到真实表演的一次进阶。

—— 教学耐心 ——

游老师在教学上不仅有丰富的经验和奇特的创造力,他还有一种常人不具备的耐心。

有一个小孩特别调皮,上课的时候总不专心,还总去打扰其他同学表演。这位同学在学校里,被同学们称之为"多动症"。

面对这样的情况,游老师看在眼里,想在心里,不能放任不管,决定为他私人订制一个"课程"。

在课间休息的时候,游老师走到他身边,然后把其他同学也拉过来,围着他。游老师跟他一起表演一个节目,这个节目很特别,不能用嘴巴出声,身体也不能动,只能用手的动作来表达自己的想法……

结果,奇迹出现了。

他表演得非常好。一点都没有动,一点都没有出声,一直在用手语表现自己。

他的表现得到了同学们热烈的掌声。

游老师说:"看!只要他集中注意力,他是可以非常安静的!"

孩子也因为游老师对自己的特殊教育,得到了鼓励,打开了自己的心扉,从此变得自信起来,好好上课。

还有一个 8 岁的小女孩，也是同学们公认的"调皮捣蛋"类型。不仅调皮，还非常喜欢哭，别人一说她，她就撒欢地哭，大家都对她束手无策。对她的表演教育一直停滞不前。

当大家都在专心上课的时候，她一个人感到非常孤独，然后就试图用哭泣的方式来吸引大家的注意力。

她的哭张嘴就来。大家果然中招了，过来找她，安慰她，但是她不愿理会，就是一个人躲在墙角的椅子底下，不愿意出来，一味地哭。

这一幕被旁边的游老师看到了，他马上就有了对策。他安排邹燕扮演小动物，靠近小女孩，用小动物的口吻跟她说话。然后也让全班同学瞬间改变态度，都变成了小动物，整个房间此时此刻就是一个森林。

"你们的小伙伴现在受伤了，正在哭泣，特别想融入你们，

游老师和孩子们在一起

但是需要你们的帮助，你们愿意帮助她吗？"

"愿意！"

"小猫咪，你快出来吧，我们好想你。"邹燕慢慢靠近小女孩，并且用非常温柔的方式跟她说话。

这份极其耐心的鼓励打动了小女孩，她慢慢伸出了双手，当邹燕的手接触到小女孩的手时，全班响起了热烈的掌声，用爱的欢呼声迎接小女孩。

这一幕感动了在场的所有人，生活老师在一旁感慨："这才是真正的因材施教啊！如果当下学校里的老师都能像游老师一样有耐心，那么孩子们和老师就能更有效地沟通了！"

—— 结业啦 ——

在为期六天的表演培训课行将结束的时候，我和以往一样，为孩子们准备鲜红的结业证书。

游老师看到我递给他的证书草图后，马上制止了我的做法。

"太一般了！你能不能再想想新的点子！我们是一个不一样的学堂，你随便做一张证书，别人也就是随便对待。这可是他们要纪念一辈子的，我们要重视起来。你要做出一张让他们值得纪念一辈子的毕业证书。"

在游老师的否定下，我拉着大家群策群力，做出了特别有纪念意义的毕业证。毕业证上有老师和学生的单独合影，也有非常可爱的卡通图片。游老师在每一张证书上都签上名字，最后把每一张证书都用相框裱了起来。

游老师这才满意地点点头："嗯，这才是值得收藏一辈子的证书嘛！"

最后一天的结业，家长们放下繁忙的工作，从全国各地飞过来，大家相聚一堂观看孩子们的汇报表演。这次的学生来自全国各地，甚至有从印度过来的同学。

游老师让家长们和孩子们一起"玩起来"，让家长们也充分释放天性，变成小孩子。在现场跟孩子们一起做游戏，一起跳舞，不分你我，其乐融融。

随后，家长们在现场看到了孩子们的纪录片，第一堂课上，老师们就让孩子们从椅子上下来，直接坐在了地上！

这一要求让孩子们一开始还不太适应，因为家中父母在平时都不会允许自己家孩子随意坐在地上，但是在这里，没有那么多的规矩，一切从心出发。很快，孩子们就解放了天性，打破了束缚，课堂一下子活起来了！

田垄是一位富有教学激情的老师。在教学过程中，为了让同学们更投入地扮演小狗，田垄全程都像小狗一样在地上爬，并且用小狗的方式跟同学们交流，帮助同学们更好地进入状态。看到这一幕，家长们颇有触动。"我从来没有见过这么投入的老师，真的是太投入了。"

学员小龙说："我以前一上台就腿软，但是经过这次的学习后，我现在竟然可以大胆地在台上表演，什么都不怕了！"

从印度远道而来的学生依善说："这次在中国学习表演，我感到非常开心，这是我在印度没有经历过的。我回去之后，要让同学们都过来学习。或者把游爷爷请到印度，让他教我们学习。"

"跟孩子们相处，我们从他们身上学习了很多。他们特别童真，就像白纸一样。我们在上面添加色彩，让他们的表演更丰富多彩！"教师邹燕如是说。

有一个学生叫徐艺菲，十岁，来之前，学习过许多表演，是全班最有经验的学生。在课上和课下，经常都自己一个人表演特别炫的节目，不喜欢和大家配合。

学习完之后，她的认知发生了翻天覆地的变化："我觉得这里最不一样的地方就是没有和学校一样的课本，没有很多的作业，学校的老师对我们都板着脸，但是这里的老师都好热情。我以前不太喜欢团队合作，因为我感觉所有人都会拖我后腿，参加这个班级后，我感觉团队合作是非常重要的，是必不可少的。这次，我学到了很多，以前我认为应该是人人为我，我这次学习后，感觉不仅要人人为我，更要我为人人。"

徐艺菲的家长徐鹤宁来到现场，观看孩子的表现后，异常兴奋："孩子们的表演真的是让我们家长叹为观止，仅仅五天的时间就有如此大的变化。每个孩子都那么的快乐。今天我见到我的女儿菲菲，她告诉我这五天学的东西比学校几个月学的都多，听到孩子这么讲，我们真的非常开心把孩子送到这里。刚刚我看到的每一个节目，孩子们非常投入。在表演的那个环境里，每一个孩子都那么的开心，我们做家长的真的非常感谢游老师。"

……

在看纪录片的时候，屋子里的灯光是关着的，但是在黑暗当中，大家彼此可以看到泪花在荧光中闪烁。

这一次的公益培训获得了圆满成功，但是艺术团和昕泽教育两家机构共计投入大约四十万的成本，他们以此代价换来了孩子们的开心，但**他们的开心是无价的**。

晚餐时，游老师鼓励昕泽教育机构的创始人王怡岚女士："**这只是一次开始，我们接下去还要做全民戏剧，让更多的人接受戏剧的教育。**"

王怡岚女士深受感动："小时候，您扮演的济公对我影响非常大。这次的教学更是深深震撼了我。我觉得孩子们需要的就是这样的教学。这次我的女儿也放弃了补习课，全程参与。我会带领公司团队全体成员紧跟游老师的步伐，将这份教育理念传承下去。让更多的孩子们一起感受戏剧表演的独特魅力！"

游老师说："不仅是孩子们能得到教育，家长们也一样能得到教育。我非常希望在晚年的时候，能有这样的机会跟大家互动。让大家在生活中受益，在专业上、艺术上同样受益，人生路能够走得更好、更精彩。"

时至今日，游老师还时常问起身边的人，那些孩子们现在过得怎么样，快乐不快乐，家庭如何……他的这种挂念兑现了他在杭州时跟孩子们说的那句话：

"济公爷爷会一直陪济公娃们成长，我们永远都会在路上……"

—— 十八里中学演讲：再见，未来的艺术家们 ——

2017年3月18日，游老师在北京十八里中学，给中学生们做了戏剧教育演讲。

游老师给专业院校以及社会组织演讲居多，鲜有跟中学有太多互动。这一次的缘起，多亏了教育局的文件：要加大学生们的素质教育。十八里中学在素质教育的大领域里挑选了课本剧。当学校老师联系到游老师的时候，他特别激动，马上答应下来。

在前往学校的路上，游老师一路都在跟接待的老师咨询学生们的学习情况、对戏剧的喜欢程度，以及现在课本剧的进展。学校书记迎接游老师的时候，游老师首先跟书记聊的话题，依旧是关于孩子们的。他在沟通之中不断构思待会儿跟孩子们要聊的话题，希望给孩子们留下关于戏剧的难忘印象。

"1945年12月24日，13岁，我人生的第一次演出。这个日子，我记得非常清楚。"

游老师一开场就跟同学们拉近距离，聊起自己13岁第一次上台的情景。

"我上的学校是一个教会学校。男女分开的，我当时上初中一年级。

我演一个小妹妹，我姐姐演初三的男生，圣诞老人是我们的班长。我们三个人演了一出戏。

演的穷孩子，在平安夜什么都没有，孩子睡着了之后，圣诞老人上来送礼物。就是这么一个简单的戏剧。

1949年，高中的时候，解放了。我开始组织剧团。排了陈白尘的《升官图》，讽刺国民党贪污腐败。我们是义演，票价全部捐给水灾灾区。

1950 年暑假，南京市青年团、教育局、青年联合会、文联，派了南京文工团的团员、戏剧队的团员，到我们学校来辅导我们拍戏。排的是一部《生产自救》，我十多岁，演了一个老教师，领导学生生产自救。这部戏叫《胜利之歌》，在区里汇报演出拿了一等奖，到市里也拿了一等奖。

1950 年，南京文工团就希望我去报到，但是我当时我才高二，跟你们一般儿大，我当时觉得自己太小了，要去至少也要高中毕业呀。

这就是我戏剧人生的开始。

过去有一副对联：人生大舞台，舞台小人生。

没有经过训练的人，为什么能排一出很好的戏剧呢? 因为来源于生活呀。所以人生如戏，其实大家在过自己的人生就已经是在演戏了。大家都有表演能力，人生如戏人人演。戏剧就是人生。

戏剧教育进校园是应该做的事情。

十年前，我们在史家小学做快乐教育，戏都是根据自己的生活编写的。我们在这里完全可以做到。我们应该有这样的自信。这件事情全在咱们自己发奋。

繁体的那个'戏'，我们刚进戏剧学院，老师就跟我们讲这个戏。虚戈，大动干戈就是打仗。左边的虚就是虚拟的。戏，它是有斗争的，好人和坏人的斗争，正面人物和负面人物的斗争。矛盾，不同，纠葛，这里头就有戏了。谁胜谁负，谁有理，这就是戏。

所以大家人人能编，不要迷信天赋。有老师指导很重要，有名师指导，免受苦劳。就像我们走路的时候，问一下路，省得我们自己去绕圈子。从这一点上来讲，需要有指路人。

戏剧就是生活，我们本来就具备还原生活的能力。恰恰很多现在所谓的专业演员，他们的路子是偏的、假的，不符合生活，不自然。在那里装模作样，不是真的。

在我们条件不好的情况下，搞戏剧活动是最省钱的。不需要钢琴，不需要画布，不需要乐器，不需要颜料、画板。不需要这些东西。有人就有戏。

所以当代最著名的戏剧大师，他就是提倡'贫困戏剧'。

1983年，我搞一台哑剧，11个节目，什么钱都没花。正式演出了，才花了90块钱在百货大楼买了一套运动服，作为服装，穿着演了一台哑剧。这就是戏剧的作用。

我们的戏曲是怎样的呢？一张桌子两把椅子。从椅子到桌子就是高山。桌子上摆一把椅子，就是登台拜帅，元帅就坐在那里。这就是戏剧艺术的特点。

它可以把假的当成真的。我的晚会，拿把椅子可以当床，甚至当演员，跟我一起跳舞，跳芭蕾。我演王子，它是王后，是女主角。我还要托举，把它举起来。在戏剧的世界里，它什么都可以当。

戏剧艺术的特点就是假定性。只要我们的态度是对的，观众就相信。

这是一支笔，马上变手电筒。这就是戏。以演员的表演艺术为中心，这就是戏。所以今天我们这个演讲，没有那么多的条件。什么东西都可以用。"

然后游老师就开始启发现场的学生，让他们上来表演节目，跟他们互动。

大部分上来的学生朗读的状态，用游老师的话来讲，都处于刻板的状态，停留在大声和动作上，但是内心没有燃起对作品的热爱。

"表演的第一步就是从坐在那里，到走出来站在大家面前。第一条需要大家勇敢。要敢于表达，这是基本的东西。这个，大家是完全可以做到的。想上来，想表达，心里得有这个想上来表演的欲望。

上次领导问我，现在的表演最重要的是什么，要让学生敢于表演，乐于表演。

如何培养演员的兴趣——**让大家回归孩子，让他们乐于表演，这是我的使命**。

戏剧教育进校园是特别好的一个主题。早就应该如此了。但是现在很多所谓的语文课本，有文而没有语。刚刚很多人，基本上都是背诵，或者是读诵，还不能说是朗诵。朗朗上口着诵，再加上表演。诗言志，志在心。心中的表达。诗人的意境才能出来。

第一步念的是字，第二步念的是句，第三步念的是情感，第四步念的是意境。最后就是要达到诗人的意境。"

同学们自己表演完，再听完老师的讲解，才恍然大悟，从中知道了自己的层次在哪里，明确了上升的通道在哪里。

"活到老，学到老。戏剧教育，教会我们理解人生，过好人生。这样我们就不会在挫折面前打败仗，不会在失望面前悲观。我们才能从绝望当中找到希望。戏剧艺术，可以帮助我们了解人生，帮助我们得到一种动力。在任何压力之下，我们都会向前奋斗。你们都是初中生。好好抓住这三年。**时间是最平等的**。荒废过去，就完蛋。抓紧时间，每天有所进步。人生如登山，我们就会步步高。"

现场气氛被游老师掀起一波又一波的高潮，掌声欢呼声不断，演讲已经接近尾声，游老师用了一种极具教育意义的方式做了收尾。

"你们父母里面，不抽烟的举手。"四分之一的孩子举起了手。

"抽烟的举手。"四分之三的孩子举手了。

"我希望从你们开始，这一辈子不要碰香烟。这是在茫然无助的情况下，染上的习惯。抽上了就很难戒。

我在最痛苦，最绝望的时候买过一包烟。当时我在写检查，半夜两点，困了。正好半夜，我的桌子前有一面镜子，当我手上拿着烟的时候，我在问，这是我吗，难道我要跟它打一辈子的打交道吗？我不干！

我小时候看林则徐的故事，深受感动。林则徐的后代没有一个抽烟的，这就是他们的家风家教。

我八十多了，看到过很多的瘾君子，都没有什么好的下场。大家在任何空虚茫然的情况下，不要染上这个习惯。当我们在无聊的时候，我们想一想古诗给我们的力量，想一想司马光，想一想林则徐！

以后坚决不抽烟的举手我看看！"

全场学生都举起了坚定的右手！

"太好了！祝福你们！再见，未来的艺术家们。"

老师们也没有想到，游老师会以这样的方式结束演讲，这种动之以情，晓之以理的教育方式，使得老师们充满着感动和对游老师的敬畏。

—— 柏林寺演讲：永远做小学生 ——

2017年7月，石家庄柏林禅寺，游本昌艺术团首次在寺庙做了教学表演的尝试。

2017年上半年，柏林禅寺方丈明海法师邀请艺术团去石家庄演出，演出后，游老师与明海法师畅谈自己把佛法和表演方法结合起来的想法，明海法师马上拍板决定，邀请艺术团在今年寺庙举办的夏令营中，为营员们上一堂生动的表演课。

对于此次活动，明海法师非常重视，师父在北京开会，在行程非常满的情况下，还挤出时间特地与我开会，探讨这次课程的设置，希望能给营员们一次难忘的经历。

在寺庙的夏令营里开展表演教学，这在国内还是首创。

开课之前，游老师受邀向所有营员做了一场演讲：

"在这里，明海法师坐在下面，我是没有资格上来讲话的。我跟大家是一样的，也是学员，但是我要在底下讲，大家就看不见我，所以在这里就比较方便，大家可以看见我，并不是我应当坐在这里。

我先声明一下，我现在不是作为一个老师，而是作为一个学生。今天在座的有大学生，有研究生，有博士生，还有博士生导师。我们都非常荣幸，为了学习，大家可以在第24届夏令营当中见面。

其实大学毕业，只是一个阶段，大家能够继续读研究生、硕士生以后，再往哪儿学呢？这样就足够了吗？

昨天我跟明海法师见面。我在很早以前就来过，但是这次来，我感觉我在重新入学，在85岁的年纪。昨天大和尚给我上课，我聆听后，很受教育。

我的老师盖叫天，盖派武生的创始人，他在1954年，1955年，1956年都给我们上过课，他说没有名师指点，枉受苦劳。是的，没有名师，就在黑暗中转。

就如同我看到净慧长老的像，他是生活禅的创始者，长老走了，但是生活禅在，已经有24届了，由明海法师接下来。他既是好学生，又是好老师。

我从小就喜欢看戏，我羡慕那些演员。我特别爱看电影，这就是电影对我的影响，电影就是我的老师。

每一个人都有一种表演的潜在能力，我们现在开发的一种方法就是，人人都能学。我在戏剧学院最后半年，苏联专家的方法是正确的，运用了就可以很快掌握，因为这就是人的一种天性。人人也都有表演的潜能其实就跟佛陀说人人皆有佛性，是一个道理。我们面对孩子要演父母，面对父母要演孩子，面对员工要演领导，其实我们已经演了很多年戏了，所以人人都能演好戏。只要你愿意学。

盖老说：'活到老学到老，学到老都学不了。'知识是学不完的，没有终点。不是说，我是研究生，我是博士生，又能怎么样呢？**谁都有自己的老师。谁都别摆架子，永远做小学生。**

我们要永远作为一个感恩的学生，才有资格在某一个问题上，也许能引导一下后来生，起到一个老师的作为。

我觉得我的幸福就在这里，老能碰上好老师。"

—— 热爱心中的艺术，而不是艺术中的自己 ——

游老师经常告诉自己的学生："我们要境随心转，而不要心随境转。"

心随境转，一颗心不定，总随着外界的浮动而浮动，随波逐流。

境随心转即是把心定下来，那么外物就会随着我们内心的想法转，心想事成。

游老师总能把自己高深的感悟糅合到教学之中。

游老师很重视表演教学，每次下课后，都要马上把教师团队聚集在一起，总结刚刚的问题，好在接下去的课程中迅速解决。有些大问题，一旦遇到，游老师就要马上解决。

有一对组合，由十几人临时搭档，他们想在毕业典礼上表演一个大节目。

看完他们的节目后，大家欢呼雀跃，游老师却念叨着"这一组的问题是最大的"，他边说边大步走上台点评起来："我们要热爱心中的艺术，而不是艺术中的自己。"

原来在这个大节目当中，没有一个人是配合的状态，而是各演各的。在艺术中，最怕这种自我表现，每个人应该把自己融入集体，为艺术而献身，如果一切都是为了自己，那还怎么把戏演好。

当下有许多的青年演员，就是热爱节目中的自己，从而忘记了心中的表演，这样的演员，将会离演员二字越来越远，到最后，他只能是在演一个演员。

很多人认为游老师在教表演，但**他教的其实是人生**。

有人问游老师为什么要做戏剧教育，他都会提起一个案例。

有一次游老师走在马路上，看到前面有一个大书包在挪动，他走向前一看，才发现是一个小孩子。这个场面震惊到了游老师，他觉得现在的孩子们的负担已经非常大了。他在想，能不能用自己的专业——表演，给孩子们带来一些不一样的东西。

"良心告诉我，我要做戏剧教育，孩子太累，**我想给孩子们一个快乐的童年**，用的就是戏剧的方式。这就是我的初心。"

—— 警惕影视病 ——

教练的级别决定了选手的水平，刘国梁和郎平都是很好的例证。

如果当真可以遇到名师指点，那学员多花点钱也值得。如果钱花了，没有遇到名师，反而还遇到误人子弟的，那么最大的损失就不是金钱了，而是宝贵的生命。

有一位学员花钱参加北京某位明星的培训班，结果连那个明星都没见到，去之后发现是那个明星的学生在教学。最后的效果可想而知，本事没学到，倒学到一堆套路和手法，在专业的剧组根本站不住脚。

"许多老师号称自成一派，自己都没学到家，还出来否定斯坦尼的表演体系，真的是不知天高地厚！由于这帮人自己还没搞明白就开始乱教学，导致了学生的价值观也出现了问题。都在追求表面化的东西，最后实力跟不上，只能去追求潜规则了。"

许多专业院校出来的学生，一到剧组，竟然被人说不会演戏，他们还真就信了，结果一堆"不会演戏"的人在一起，开始研究如何用套路和手法，让"表演"看起来像表演了。

"有一个人在我这里表演，去了剧组之后，回来拿一些手法来蒙我。剧组真是一个大染缸啊！"游老师深感痛心。

"南凯（游老师的一位学生）是我非常喜欢的学生，表演不过关，说他几句,就从此再也不演话剧了。心理脆弱啊!这都是当年学校老师没教好。"

现在的学校急功近利,现在的影视圈也是急功近利,各种歪风吹来吹去。电影找花瓶,找关系户,埋没了一批好演员。他们不是为了戏剧发展的,而是为了自己的钱包发展的。有些人的选拔方向是有问题的,恨不得人人都是偶像派,所以出不了黄渤、王宝强这样的优秀演员。很多表演苗子,因为长得达不到偶像派的标准就被否掉了。这其实不是学生不行,而是老师不行。现在的影视剧,都在找奶油小生,演技如何?看看网上的评论就知道了。所以,对于演员新人来讲,除非超级有天赋,不然都会被拒之门外。

早在多年前,游老师表演过一个小品讽刺过当时的影视环境。

"没戏怎么办?那就抽烟!戏不够,抽烟凑。有烟就有戏。"
抽着烟,说着话,让人看起来感觉很有戏……
小品的名字叫《影视病》,没想到这么多年过去了,小品中的一些情况,到现在依旧屡见不鲜。

为了让新生代们免于被不良风气感染,游老师竭尽所能,把自己的经验、知识,全力以赴教给自己的学生。他这么多年来,一直在做着扎实的表演教育工作:他在史家小学坚持了6年表演教学。在公乐剧场,他每周三下午都开表演公开课。

在一次排练过程当中,游老师突发奇想,让每个人上台表演一段自己最近准备的节目。影视片段、朗诵、评书都可以。轮到韩超上场的时候,只见他持一把手机,三两步走到中间。原来他最近没有准备段子,刚刚在底下临时上百度找了一段不熟悉的台词片段准备表演。不出所料,韩超说得磕磕巴巴,完全不是专业演员该有的风范。

游老师站起来说:"你回去要把这篇你喜欢的内容抄下来,然后自己慢慢看!我们不要懒。前些日子我在研究古希腊悲剧的独白,真是爱不释手,那段内容我都用手抄下来,而且为了记住它,我还抄了5遍!我们演员要懂得自己培养自己啊!千万别沾染了现在的影视病!

盖叫天老师,他跟我们说,'**演员演戏就是要没事找事**',现在我们很多演员,表演是不找事的,拿了剧本不看的,到了现场不准备台词的,现在有的人甚至说123456,台词全让配音去干。配音都是正规的院校训练出来,结果一边配音一边骂,因为表演太烂了,给他们的配音造成很大的工作量。这种事情我遇到非常多。很多戏成功,都是配音的功劳,所以很多配音后来成了明星,比如说黄渤和张涵予,他们之前**在配音的时候举轻若重,演戏的时候就能举重若轻**。"

—— 不要在相上学，要跟着心走 ——

"刚刚许晋杭又在台上装模作样了！"

艺术团有一个亲子戏剧——《济公办学》，每次在排练的时候，我都会代替游老师演济公这个角色，好让游老师在一旁观看排练。

排练完之后，游老师经常不点评其他人，就拿我开刀。

"老师，我演这个济公也确实有难度啊！我每次在演的时候不知不觉都会往您的那个感觉上去靠，不瞒您说，为了排练好这个角色，我每天晚上都要回去再重温一下当年的电视剧，找一找济公的感觉。"

"嗯，这就对了，难怪你演不好。"

我越听越懵："那我要怎么样才能演好呢？我怎么感觉我距离济公的角色特别远啊？"

"只要你心里想着怎么模仿我当年的济公样子，你就永远演不好济公。在相上学，是永远学不好的。

每一个演员，都有他自身条件的局限性，不可能真的演什么都像什么。

我当年也不知道济公该怎么演，但是我想，济公虽然是一身破烂行天下，但是他却除恶惩奸辨是非。所以，我就抓住他善的这个特点，这是济公的发心。

我现在演弘一法师,我也没有见过弘一法师,但是我知道,弘一法师有'不为自己求安乐,但愿众生得离苦'的发心。

所以,从相上,济公的疯癫和弘一法师的平静,是有很大区别的。但是从发心上,他们都是为了普度众生,并无分别。所以,想要塑造好人物,首先就要从发心上去接近,其次才在外部手段上找方法。

在演弘一法师的时候,在心灵上就要进入法师的内心,感受法师所感受的。即使你在相貌上,长得跟弘一法师差别非常大,但是在此时此刻,你的内心世界和大师是一样的,你说的话,就是大师的感觉。你相信了,观众就会相信。

下没下功夫是能感觉到的。功夫下没下对,也是能感觉到的。"

听完游老师这么一说,我恍然大悟。我意识到,其实剧本当中,有些台词本身并不特别,但是游老师用他的表演把它变得特别,甚至把整个舞台的质感都改变了。原来是因为彼时彼刻,他进入了法师的状态当中,他相信了,观众就相信了。

游老师每一次演戏都会极其入戏,严重到话剧结束后,他介绍每一位演员时,会突然间叫不出演员的名字,他还沉浸在台上戏剧的状态当中,甚至有时候会忘了演出所在城市的名字。每次都要想一下,可爱的模样惹得观众哈哈大笑。

这大抵就是表演投入的最高境界了!

三位一体

游老师演讲时跟别人有着很大的不同。

在常规的认知中,许多的老艺术家或者学者专家在演讲的时候,都习惯坐在凳子上,前面有演讲台,麦克风,以这样的状态贯穿始终,完成一场演讲。

游老师则不然,主办方同样也给游老师准备了演讲台和椅子,但他讲着讲着就坐不住,拿着麦克风就站起来,走到舞台的前沿对着观众讲,像是一场朋友之间的聊天,激动之余,还会拿自己的表演进行辅助。

游老师在台上游走自如,他的每一句话都言之有物。大家能从他丰富的肢体和饱满的语言当中,听到,看到,并且深深地感受到游老师想表达的思想。

有一次我问他:"老师,我只见过您在电视和话剧舞台上的魅力,完全没有没有想到在演讲舞台上,您还有这样的能量磁场啊!为什么您还能保持这样的状态?简直是不可思议!"

游老师笑着说:"我是一名演员啊,演员的生活就是这样呀。这是一个非常特殊的行业,特殊性体现在三位一体。"

"三位一体?"这是我第一次听到这个概念。

"在戏剧学院学习的时候,我们这一代的演员都是当时苏联专家直接教的,当时老师强调一条,就是演员职业的特点,特点就是这三位一体,现在我问很多电影学院的人，他们都回答不上来。

什么是'三位一体'？

第一，创作者自己。就是指演员自身，创作者自身的修养、内涵、创造性。我们必须自己去创作这段戏，思考这段戏该怎么发挥。

这就是为什么我让你有空要多看书。多看看《周恩来传》《邓颖超自述》，还有斯坦尼斯拉夫斯基的《演员自我修养》，把自己的文化修养提升起来。

一个演员拼到最后，拼的是文化。

第二，创作工具，也是演员自身。

通过不断的训练，锻炼自己的形体驾驭能力和形体的可塑性。

这需要演员平常不断地学习、训练、磨砺。'宝剑锋自磨砺出，梅花香自苦寒来'，不能闲着。要多看戏，听音乐，学舞蹈，时刻准备着。

章子怡是国际大腕儿，人家能被大导演挑中，除了她精湛的演技之外，她的舞蹈和功夫也是非常重要的原因。她的身体已经被她塑造得相当了得了，这就是她身体带给她的优势。

演员是被选择的职业，很被动。一有空就自己跟自己玩规定情境的游戏，培养感觉，生活就是一个最大的舞台。我到现在每天早上还要练功，为的就是保持身体的柔韧性。

第三，创作成果，还是演员自身，就是最后呈现出来的状态，观众看到的成品就是演员本身。这也是表演最具个性的地方。每一位演员都在全力以赴地让自己和角色在某种程度上达到高度的统一。

在片场塑造出来的创作成果，会被摄像机忠实地记录下来，最后搬上大荧幕跟全国人民见面。

在话剧舞台上塑造的创作成果，会在现场直击观众的心灵。大家看到的活生生的角色，都是每一位演员塑造的成果。

这就是演员的特点，材料、工具、成品三位一体，比如说你是画家，你的材料是画布、画纸、笔颜料，作品是你的画作，但跟你是分开的。

表演不一样，演员艺术，作者是我，创作者是我，材料工具还是我，最后的作品观众看的还是我。

这三位一体，我作为一个创作者，必须能够驾驭它，必须能够指挥它，要让它听我的话，身体得是一个橡皮泥，我想要它是什么样，它就应该是什么样。

所以，在演讲舞台上，我就要能够调动自己的激情。让自己的状态能跟着内容的感觉走啊，千万不能心有余而力不足啊。

作为一个演员，如果我想做某一个动作却做不出来，对我来说，就是一种缺憾，所以三位一体中，对身体的控制是非常重要的，因此一切有碍于身体的事情都不能做。"

游老师是一位对自我要求及其严格的人。为了贯彻"三位一体"的理念，他坚持学习，每天锻炼，坚持好的生活习惯！

他没有"业余"爱好，所有的爱好都为他的表演服务。

为了演好芭蕾舞，游老师刻苦学习芭蕾舞。虽然无法跟专业舞蹈演员相比，但是却演绎出了自己的风格。游老师十分喜欢阅读、看戏、学习和观察生活。当然，最终目的都是为自己的表演服务。

有一次在卫视录制节目时，主持人问游老师会不会跟年轻人有代沟。

游老师哈哈一笑："我们的祖师爷斯坦尼斯拉夫斯基说过，我们作为演员，要时时刻刻了解自己身边发生的事情，演员要时刻体验生活中发生的一切。所以，我们得观察生活、不断学习。"

游老师家的桌椅上，每天都会摆着最新的报纸和杂志，这些都是他了解这个世界的渠道。他时刻都在感受着这个世界发生着什么，小到街道办事处的活动，大到中美两国的关系，甚至每天中午央视的海峡两岸，游老师都不会错过。

这些新闻都会对游老师的表演提供许多帮助。游老师常说："脱离了规定情境的表演，就是刻板化的表演，而不是真实的表演。而我们在戏中要经常扮演许多生活中的各种各样的角色，所以我们要了解我们的生活正在发生什么。这也是'三位一体'的一个重要部分。除了观察生活，更重要的是学习，多读书，多看戏，**我们读的每一本书，花的可能是作者几年的时间和精力。我们看过的任何一场演出和电影，可能也是别人十年八年的功力累积才能做到的。**"

游老师的身材像年轻人一样精干，腿脚利落。但他曾经也是个不折不扣的"老病号"。

慢性胃炎、关节炎、神经衰弱、慢性鼻炎、咽炎、喉炎……他都得了个遍。但随着年纪的增长，游老师反而越活越健康了。

"我是个从来不养生的人。"在他看来，人活着就是为了干自己想干的事，如果不干事光是闲适地活着，这样的养生没什么意义。对他来说，锻炼身体的目的非常明确。就是要为演戏服务，让身体听自己的使唤，为自己所驾驭！

他从 19 岁进入上海戏剧学院直到今天，近 70 年的时间，每天都要练功。劈叉、抱腿、手触地成了他必做的事，不做不行，不做就不舒服。

除了锻炼，每天从上到下揉搓、按摩全身也是他的必修课，他给自己这套操起了个名字叫"游氏健身术"。网上很多人搜索游老师名字的时候，这个名词都会成为关键词。

"关键是从头到脚，让全身每块皮肤和关节都动起来。不管你用什么方法，揉、搓、捏、拍，或者像洗澡一样沐浴都行，哪儿不舒服，哪儿就多揉揉，但每天必须坚持。"

游老师的生活习惯非常好，他不抽烟、不喝酒，并保持锻炼。

"做一个演员，如果到了 90 岁，100 岁，我还能演下去，这就是幸福。"游老师说。

每次排练休息期间，剑光、田垄、韩超都会心照不宣地聚集在洗手间抽烟，以缓解刚刚在排练厅的压力。

游老师踏着轻盈的脚步来到洗手间……大伙闻声，赶紧把烟头灭了，扔进垃圾桶。但是弥漫在空中的烟草味，一时半会儿可散不去。游老师眉头一皱，大家知道，待会儿又少不了一顿说了。

"演员要自己培养自己。你们自己的东西，我比你们自己还重视，希望大家不要沾染太多的习气，远离那些伤害我们身体的东西。"

—— 刻板化表演 ——

如今的青年演员，排练的时候经常犯一个毛病，就是一出戏演着演着就变成"刻板化"的表演，用行内话来说就是"不新鲜"，一遍又一遍地重复上一遍动作，毫无创新。

演员有一套表演被导演肯定了之后，就会一直沿用那套表演，丝毫不敢创新，因为担心创新了就会失误。

斯坦尼斯拉夫斯基说过："在舞台上，不可能用一套千篇一律的刻板公式、舞台脸谱和角色类型来表现人物。在舞台，要在角色的生活环境中和角色完全一样地、合乎逻辑地、有顺序地、像人那样地去思想、希望、企求和动作。"

游老师 50 年代在中央实验话剧院排练厅时，最喜欢说的一句话就是："**你们看看我今天的戏，我有新想法了。**"

这种自我求变的状态，正是现在的青年演员所欠缺的。

游老师为了把青年演员们这个臭毛病调整过来，煞费苦心。

"你现在都不敢在舞台上行动了！老是守着以前的东西，一遍遍地在排练厅刻板地重复。我们排练厅不需要这些东西，需要的是表演的生命力。"

游老师话音刚落，就让小白上场，现场即兴表演。

她表演完之后，游老师很满意，对大家说："看！小白表演得多真实！她所有的状态都是真实的！你们很多人的那一套，已经是一年前的东西了。现在再看，在舞台上就太刻板了！假花再漂亮，再美丽，它也是一朵没有生命力的假花。但是如果你们在台上是真实的，哪怕是一朵小花，它也是真实的，而且，还会成长。"

游老师十分鼓励学生们在台上即兴表演，这种即兴是要建立在真看、真听、真感受的基础上的。优秀的演员会把自己内心最真实的情感第一时间传递出来。梅兰芳在《断桥》里对俞振飞的即兴一扶成就了一段伟大的经典。

有一次在话剧院，著名表演艺术家张家声老师对剧团的演员们说了一句："我今天要来点变化啦。"

听到这句话，有的演员有点怵，游老师却说："你尽管变吧！"

游老师也不知道张家声要跟他演什么，但是只要他牢牢守住了人物关系，不管对方怎么变，就都可以应对。他非常享受在演戏当中跟对手你来我往的那种感觉。

游老师在拍《李献计历险记》的时候，有一场戏主要拍游老师的面部表情，镜头在女主角的身后，画面只有游老师的脸和女主角的后肩膀，完全看不到女主角的脸。按照当下很多演员演戏的套路，就是"有我镜头的时候，我才有戏，没有我镜头的时候就没戏"。这是一段游老师娓娓道来的戏份，令游老师感到意外的时候，他在说话的过程中，女主角竟然默默流下眼泪了，即使女主角的这些画面都没有镜头记录下来，但是这一刻就这样真实发生了。

杀青之后，游老师跟她说："你的戏不错呀。"

那位青年演员说："我就是刚刚把您说的对白听进去了，然后自然产生了感觉。"

游老师为她竖起了大拇指,"这才是一个演员应该有的专业精神啊!"因为刚刚她的表演是从游老师这里即兴产生的,是新鲜的,所以真实而不刻板!

这才是高层的心理表演技术。

——"对不起,是我没教好你,是我无能"——

排练厅里,大家正在热火朝天地排练着。

"愿乘师,妙莲师,我今天来就是给师父赔罪的!"
"停!感觉不对。不用往下演了。"游老师神情严肃。
"你跟我说说李芳远为什么要上场,你是怎么想的。"
我把自己饰演李芳远的想法大概说了一下。
"你不要说得那么笼统,你要详细说。"杨惠华阿姨插了一句。
"这些就是我所能说的最详细的了。"
"不对!你应该说出来为什么你会上山来给师父赔罪。你可能是在家里写了一封信给师父,然后跟你的父亲炫耀,你的父亲说你这样是不对的,要你马上到山里去给师父道歉,所以你才去。"游思涵说着,游老师在一旁点头,随后补充:"你跟思涵待了那么久,竟然都说不出她想的这些啊!"

这时候,顺着思涵说的那个情境,游老师演起了父亲。
"去!快去!"
我愣住了。
"去(拍桌子),快去啊(提高嗓子,大力拍桌子)!"

全场十几人屏住呼吸,看着我。
我脑袋一片空白,站起来,默默地、慢慢地走了出去。转身的一瞬间,眼泪滑了下来。

我一个人在楼道里狠狠地哭了起来。

游老师当着所有人的面，走过来："**对不起，是我没教好你，是我无能。**"
面对游老师，我为自己的不佳表现，感到万分惭愧。

微博上有一条传播很广的视频，父亲正在训斥儿子，却拿棍子让儿子打自己，他说："子不教，父之过。是我没有把你教育好，才让你上课不注意听，考试没考好。"镜头前的父亲，充满了自责和无奈，儿子则在一旁抽泣。
这条视频获得了网友们的点赞，点赞这样的教育方式。

游老师对待学生，不也正是这样的教育方式吗？他的内心有着"教不严，师之惰"的印记。

就像当年弘一法师，当弟子们犯错的时候，他从来不责骂他们，而是用惩罚自己的方式来处理问题。

学生没教好，首先追究老师的问题。游老师不仅在教学上是许多老师的榜样，在如何做一个老师上，更是许多老师的榜样。

—— 心理行动线——高层的心理表演技术 ——

"如果这个剧本的行动线逻辑我自己都不够熟悉的话，那么这个舞台我是上不去的。"

排练后，我们围坐一圈，游老师站在中间，神情严肃。

游老师经常会让大家围成一个圈念台词，大家念的时候，有些时候注意力不会很集中，就会沦为仅仅是念词。按照游老师的标准来念台词的话，你虽然身体不动，但是这幕戏在你心中一定要动起来。也就是走内心的行动线，假想自己在舞台上行动，内心行动线是最训练演员演技的。

"我们研究了过程，但是我们却不要去'演'过程。演戏其实就是演人物关系，也就是行动和相互行动！你们刚才演的东西你们自己能满意吗？"

游老师年轻时在清华大学曾经排过剧目《一路平安》，恰恰就在准备汇报演出的时候，演员匆匆忙忙跑来告诉游老师："舞台上的置景和之前排练的全不一样，咱们的调度怎么办？"

游老师乐呵呵地说："好极了，咱们按照平时训练的要求来，走行动线！"

结果那天演员们都按照游老师的要求，走内心的行动线。每个人都真实地在舞台上生活，有效地在舞台上行动，演出达到了非常好的效果。

行动线是一个演员作为角色在台上贯穿的行动，是整个表演的骨架。

正是因为他们按照心理行动线的方法来表演，所以最终化险为夷。如果他们死守自己的刻板，那么现场的情况一变，他们也就相应的不知所措了。

团里的不少年轻演员们都爱刻板化表演，每一个语音、语调、动作跟之前一模一样。

游老师教导说："一个演员如果学会了走心理行动线，那这就是高层的心理表演技术。你们要是可以学会这个技巧，那演技将会有质的飞跃。"

有一次在饭店里，游老师就给我上了一堂生动的教育课程。
那天下午，游老师和杨阿姨，还有游思涵和我，我们四人从太原出差回京，进了一家餐厅。
因为是下午三点，服务员都在休息，看不见人。这个时候，我从座位上起来，走到里头门口，询问有没有人，看到有服务员应声，我才回到座位。
一坐下来，游老师就说："如果你在舞台上，能够像刚刚那样真实，你就是优秀的演员。"
我充满疑惑地看着游老师。
游老师分析说："我们坐下来之后，发现大堂没有人，这时候你是经过判断的，所以你才起身去找服务员。你的这个起身，是非常真实的，而不是为了起身而起身。
你到了门口，喊服务员。因为这个环境很安静，所以你并没有使用非常大的声音，你的这个反应，也是来自真实的情况。

随着你喊了两声，发现没有人应你，你才逐渐加大你的音量。这个时候才有人应你，然后你才回到座位。你的'音量逐渐加大'这个微妙的变化，是非常难能可贵的。是非常真实的心理行动线。

刚才你的这一套动作，如果能在舞台上呈现出来，那就是漂亮的表演。谁能够在舞台上把生活的这些细节演出来，谁就是大师。这些细节都是非常高层的表演技术。"

戏前戏

什么是演戏？

演戏就是拿着剧本，把剧本当中写的过程演出来。

很多演员对"演戏"都是这么理解的。

有一次游老师却提出了另外一种理解。

艺术团有一天又在排演李芳远居士上山请师父下山看病的片段。演了一遍下来，演员们自认为可以了，但是始终没从游老师脸上看到满意的笑容。大家本以为又是一顿庖丁解牛地说戏，可没想到，游老师却来了新招。

"我们的基本功就是真看真听真感受，在舞台上行动。所以我现在要求你们把戏前戏给我演出来。"

"啊？啥叫戏前戏啊？"大伙儿一片迷茫。

"以角色的身份上来即兴演出。不要排练，就是现场即兴来。比如说，你要演上山找师父。那戏前戏就是怎么样想到要上山来找师父的？为了上山找师父，你都做了哪些准备？还原到生活，把前面这段戏演出来。把观众没有看到的，演出来。戏前戏演对了，你待会儿的戏就都对了。

你们每个人都把自己的戏前戏想一想。想想自己是怎么上来的。

这样的训练，不能搞得很刻板。我们要以角色的名义长期做这样的训练。这就是斯坦尼晚期的理念。过去你们没有做这方面的练习，我们在大学四年级的时候，就是这样做的。"

游老师用这样的训练让演员们真看真听真交流，用这样的训练激发我们，帮助我们在台上表演。大家演完戏前戏之后，才知道一场片段原来有那么多的素材可以挖掘，才知道自己之前想象得是那样肤浅。

"这些都是普通的，普遍的，必须要做的。如果没有，那就无从谈基本功。你只有在这样的情况下运用自如了，在任何情况下，就都不怕导演的指挥了。导演要怎么改变都行。因为我们有行动的能力。"

这就是为什么再严格的导演游老师都不怕的核心原因。游老师说他从来都没感觉导演不满意过他的调度。因为他从来都是生活在角色当中的。只要演员的状态是对的，那怎么演都对。状态不对了，设计再漂亮的调度也是东施效颦。

即兴表演戏前戏这样的工作方式后来成了艺术团工作时的常态。

演员们拿着剧本准备演戏的时候，游老师经常不让他们演剧本里面的台词，而是让他们演"这段戏之前发生了什么和这段戏之后会发生什么"。把这两段演对了，那段戏也就演对了。

"我们只要具备了这个能力，这就是我们这个剧组的优势。我们讲究的就是这个方法。我们的标准就是这个。在这种情况下，我们以后排戏就会非常轻松。"游老师说。

—— 消除你的紧张感 ——

很多演员都会面临在舞台上紧张的问题，尤其是他们第一次登台表演。

对于新人来讲，导演一般会提出三个要求：第一，把台词说对。第二，把调度走对。第三，不要紧张。

紧张感哪是张嘴一说就能消失的？

市面上有很多的书、很多的演讲，都在教人如何在台上不紧张，虽然道理我们都听懂了，但是做不到啊！

在削弱甚至说克服演员的紧张感方面，游老师有着独特的见解。

"如何在舞台上摆脱紧张？那就要建立真实的感觉。内心要有具体的视像，要有信念感。

当你紧张的时候，你就把注意力放在你眼前的东西上，看到这个东西具体的样子、颜色、感觉，有了小真实的专注力，在舞台上的紧张马上就会消失。**有了小真实才能有大真实。这就是元素，大师级的表演都是有元素的。**

你脑袋里想的是什么？如果想的是台词，那就错了。想的应该是画面，是感受。就像奥斯卡影帝说的一样，**台词在演出前一定要背 100 遍，这样你才有更多的时间和精力留给创作。**"

游老师在演话剧《弘一法师》时，起床之后，都要把弘一法师的台词在脑海中过一遍。他就是希望把台词深深地印在脑海中，好把更多的精力留给表演创作。

"我们要练习在台上思考，用脑袋说台词。在你面前的不是演员，而是角色。这个角色和这个情境要唤起你的感觉，只有当你有了真正的感觉之后你才可以说话，你才可以开始你的表演。如果你没有感受就开始演戏，那就是最低级的表演，那是在浪费观众的时间！

我们一定要养成一个习惯，就是在演戏过程当中一定要先有感受。现在太多演员语言走在感受前，那样演戏都不对。

你的动作在舞台上都会被放大，舞台有多大，你的内心就有多大。

五觉，视觉、听觉、嗅觉、味觉、触觉都必须感受到位。比如你眼前是一杯刚刚沏好的茶，你要明确看到茶的颜色在产生什么样的变化，你去接触它的时候，要感知到这杯茶的实际温度，端起来准备喝的时候，它飘出来的是什么样的味道？你喝一口是什么样的味道？过十分钟再喝，味道还是一样的吗？

这些都要在你的表演当中，真真切切地感受到。因为生活中我们是有这些感知力的，只是一旦把这一过程搬到台面上，由于种种的外在因素，让我们忽略了很多过程，直接奔着一个结果去了。

而刚刚这一过程，如果是真的有一杯茶在你面前，你应该要让自己注意这些细节，如果是无实物表演，你更应该注意刚刚那些画面，这些都是表演当中非常重要的元素。

这都让我们的表演更加立体化。

还有一点表演是经常被人忽略的，就是很多人以为音乐开始的时候才开始表演，其实，当你进入舞台区的时候你就已经在表演了。

一位音乐大师跟我说过一句非常精彩的话：**不要在音乐开始的时候才开始，也不要在音乐结束的时候就结束。**

表演亦是如此。

只有当我们的感觉是正确的了，我们就可以尽量投入，从而避免我们在台上会去思考紧张这件事情了。"

—— 记住你的最高任务 ——

在《弘一法师——最后之胜利》这部话剧中，有一场戏是日本海军司令来到山中请弘一法师到日本弘法。

海军司令的扮演者是田垄，他来艺术团之前是一名脱口秀演员，所以身上有那种对细节把握的执拗劲。为了演好这段戏，他下了非常多的功夫。甚至还让他会日语的朋友，教他说一口流利的日式普通话，为的就是找日本人说中文的感觉，好在舞台上呈现出更好的状态。

在排练的时候，果然，他的状态让大家眼前一亮，大家都觉得他这一版日本人演得比以前的演员更加有鲜明的个性。游老师却点评道："你上山来干吗？"

"我上山来请弘一法师去日本弘法。"

"是吗？你是真的想请弘一法师去日本弘法，还是演一段请弘一法师去日本弘法的过程呢？"

听到游老师这么问，田垄愣住了，大家也都愣住了。

"你们都要看看《演员自我修养》，里面写的核心中的核心，就是演戏的时候，一定要有**最高任务**！"游老师说道，"最高任务就是你要干吗！你要完成什么任务！

是，你所谓的每一个环节都经过很缜密的'思考'，你不断在找日本人的感觉，不断面面俱到，但是在我看来，这些都是其次，根本的问题就是你没有最高任务。

虽然剧本规定的结果是日本人请不走弘一法师，但是你在舞台上开口的第一句，给我的感觉是，你已经知道你请不走弘一法师了。所以，你演的一切的状态都是不对的。这样的信念在演员身上是错的，你这样是演不好戏的。

真正的好演员就是，我明明知道剧本写的是我请不动弘一法师，但是我的最高任务就是要来请弘一法师的，我必须要请走的。这是最高任务，只有这样的思考，你才能由内而外迸发出状态，让你演好这幕戏。如果你没有最高任务，你最多就是在台上装装样子，走走调度，说说台词，你是不会有好的情感状态的，也就无法真正进入角色。"

听完游老师的这席话，游思涵在旁边说道："爸，不然你即兴演一下他这段戏吧，让我们看看什么叫最高任务。"

游老师还没反应过来，我就在一旁瞎起哄，内心无比期待游老师的即兴表演。当游老师反应过来的时候，他会心一笑，没有说太多话，而是走到舞台中央，来了一句："我准备好了，直接开始吧。"

古有曹植七步成诗，今有游老七步即兴！

在表演过程当中，大家都被游老师的举手投足紧紧地吸引住。他虽然没有背台词，但是他的语言非常符合剧情；他虽然没有研究剧本，但是他的状态却与人物非常吻合；他虽然没有设计调度，但是他的移动却一点也没有违和感。

游老师表演完后，全场报以热烈的掌声。田垄则彻底折服……

大家问游老师，您是怎么做到的？他说："我只记住了自己的最高任务，其他的都是从心出发。

首先，我是来请人的。然后，我是一位军人，来请一位法师。有了这个观念，我的态度，各方面就会继续发生细微的变化。

我之前演列宁，在排练的时候，别人说我不像列宁，像干部。我非常高兴啊，我说这就对啦，列宁就是一个干部，他的最高任务是为人民服务。我有了这样的基础，再去接近列宁！而我演来请弘一法师的人，首先请的状态要出来，然后再去完善其他的地方。如果其他的地方很完善，但是把'请人'的最高任务丢了，那就什么都丢了。"

这就是最高表演带给游老师的益处，让他得以在处理整段戏的时候，都能够用表演方法，把握得游刃有余。

有了最高任务的指导，不仅是在表演整段戏的时候，哪怕是在拍摄电影过程当中，也会起到非常重要的作用。

2013年，游老师与香港演员阿娇拍摄电影《白狐》。

当时游老师和阿娇演一场对手戏，阿娇扮演的角色要请求游老师将她男朋友复活。

阿娇在实际拍摄时是说粤语，这给两人的交流增加了不少难度。但是游老师凭借着丰富的经验，在脑海中把她的粤语转换为国语。

因为电影的拍摄并不是按照剧情走的，所以他们的第一场戏就是一场非常重要的戏，需要两人都有非常充沛的感情。

游老师牢牢把握住了最高任务，轻松让自己在一开场就进入了饱满的状态当中，但是阿娇非常遗憾，一直找不到感觉。导演一次又一次的不满意让阿娇有些着急。正在大家都在着急进度的时候，游老师把阿娇带到一旁，跟她耐心讲解表演，帮她分析剧本，让她时刻关注自己的最高任务是什么……虽然电影是拆分片段来拍摄，但是只要记住最高任务，那么不管怎么拆分，人物的感觉都是始终在角色里面的。

结果，奇迹出现了。经过游老师的讲解之后，阿娇表现得非常出色，跟游老师的对手戏，很快就得到了导演的通过！

阿娇非常感动，在游老师的戏份杀青后，她一直扶着游老师离开剧组，以表对游老师的敬重。数月后，电影在北京开新闻发布会的时候，遇到游老师，她还在舞台上跟游老师探讨表演，画面其乐融融。

游老师参加电影《刀剑笑》发布会

游老师经常跟青年演员们说："**千万不要有词才有戏，没词就没戏。**"

"我们只要有了最高任务，哪怕没有台词，我们也不会害怕没有台词的时候，我们的表演就不会害怕停顿。"

游老师在与乌尔善导演合作《刀剑笑》的时候，就出现过让大家津津乐道的一幕。

当时游老师扮演的是一名江湖上有名的刀匠，在摸到了自己当年锤炼出来的一块宝贝时兴奋不已。这个时候，镜头到这里本该停了。

但是导演却忘了喊停。

游老师常说，作为一名专业的演员，导演没喊停，我们是不可以停的。那一刻，他没有停下来，而是接着往下演。游老师牢牢记住他的最高任务，守住他的角色。下意识说了一句："30年前……"

当他往下演的时候，导演组才发现自己失误了，并对游老师刚刚这段即兴表演竖起了大拇指。

游老师说，因为自己心里有剧本，有大纲，所以随时随地，自己都能接得住。

别具一格的表演，最后让游老师在剧中饰演的刀匠非常成功，为电影注入了新的血液，他所刻画的角色，让别人甚至都认不出来这是游老师。

在内部看片会的时候，制片人还问："你们不是请了游本昌老师吗？我怎么没看到。"

集中你的注意力

田垄在台上表演的时候,经常爱看台下观众的反应。

游老师批评他:"这都是注意力不集中的表现。"

注意力不集中对演员来说是很致命的问题。

游老师有一个很特别的办法来训练大家的注意力——读报纸。

"千万别小看念报纸,它可训练人了。我以前在班上,总是第一个抢着读书做示范,每时每刻给自己找成长的机会。

读报纸首先锻炼的就是我们的台词功力,其次,读的时候,注意力必须集中,不然读一篇陌生的文章,就容易出错。

在舞台上,注意力要高度集中。注意力高度集中,也是任何一个人想在任何领域成功必备的一个因素。演戏考验的就是你的综合素质。"

游老师在舞台上的注意力非常稳定,话剧90分钟,演出后15分钟还要在台上跟大家讲话,全场两个多小时的工作,游老师从来没有去过洗手间。

有一次我开玩笑问他:"老师,这么多年下来,您这两个多小时不会想上洗手间吗?"

"哈哈,注意力要高度集中在演出上。你不去想这个事情,就不会想去。你只要一想,就肯定要去。"

—— 你得对角色有创作的态度 ——

我在饰演李芳远这个角色的时候,有一幕戏是:我进了师父房间,然后把帽子脱下,放在凳子上,转身就过去拜见师父。

在这个过程当中,我觉得自己表现得非常好,尤其是跪拜师父的那个动作,在家至少练习了一百遍,就为了来排练厅给游老师展示一遍。一路上,我脑海里幻想着游老师在大家面前夸我的画面。

排完这段戏后,游老师就问了我一个细节上的问题:"你刚刚脱帽子的时候,帽子是放在哪里,为什么要放在那里?"

很显然,这个问题猝不及防,我一时语塞。

"我们要去思考我们做的每一个动作,说的每一句话,为什么要这么说,为什么要这么做,而不是仅仅去研究某一个动作,目的更不是为了让别人夸我们。**我们的目的,是要让艺术更加纯洁**。"

我呆住了,我知道自己被看穿了。

游老师意味深长地讲了一段很早以前他拍戏的故事。

"有一次我跟香港影星冯宝宝拍戏,开拍前在后台,我看到冯宝宝的剧本上面写得密密麻麻的,我凑过去一看,被她的工作态度震惊了!

她的台词本是这样写的:

第一行:我的台词

第二行:对方的词

第三行:我的行为

第四行：对方的行为

她把每一场都研究得非常透，不仅是自己的台词和动作，就连对方的台词和动作自己也都研究透了。

她用的工作方法完全就是当年苏联专家教给我们的方法啊！因为只有把对方的动作线都整理清楚了，自己的戏演起来才会更加自如。她非常用功，态度非常好！看到她的台词本，我终于知道她为什么是一名优秀的演员了。

晋杭，人家是这样努力用功的，我们也要有这样用功的态度才行啊。"

当年梁家辉为了演一个台湾的黑社会老大，他提前去了台湾，搜集了报道黑社会的八卦杂志，然后提前几个月写人物小传。

他写的人物小传不是黑帮老大做过什么事，而是想象，像他这样当老大的人，平常应该是怎么样的。所以，这个人物吃什么，穿什么，讲话语气是怎么样；开会的时候以一个什么样的姿态出现；他老婆以前是一个舞女，他为什么会娶这个老婆，跟他老婆之间的情感有多深，为什么他现在已经是黑社会大哥了，还带着同一个女人？这些都是人物小传所关心的内容。

这就是一个演员对角色创作的态度啊！

游老师现在已经八十六岁高龄，但是每天早上起来，他都会在脑海中把台词默一遍。经常默就会有新的体验，一有了新的体验，他当天就会赶紧在脑海当中，把自己的那段戏再拿出来过一遍，在脑海过好之后，再来到排练厅，迫不及待把体验的过程演出来。

游老师说："当你可以把剧本外的内容演对了，剧本内的内容怎么演都会对。剧本外的演错了，剧本内的怎么都会错。"

形体

"我已经记不清哪天没有训练了。我每周七天都是在游泳池度过,就连圣诞节也不例外。我每天就只是吃饭、睡觉,然后就是游泳,这就是我为什么总能登上领奖台的原因。"这句话出自奥运历史上获得奖牌及金牌数最多的运动员菲尔普斯之口。

菲尔普斯的座右铭:**如果你休息一天,实力就会倒退两天。**

不同行业的人,但凡是成功的,都有着同样努力的经历。游老师就保持着这样的努力。

游老师每天都要练功。经常有很多媒体问游老师为什么现在八十几岁了,还能演两个小时话剧,到底是怎么保养的,有没有什么秘诀。

其实他真正的秘诀就是每天保持锻炼。

"我们是职业演员,必须在各方面提高修养,保持身体的柔韧性和可塑性是非常重要的。这个我在'三位一体'这个理论里讲到过了。保持形体这是绝对离不开每天训练的。很多演员到了一定年纪就拍不了动作大一点的戏了,那是非常遗憾的事情。

所以,我一辈子没有不良嗜好,到现在还能演戏。很多老年时得的病都是年轻时种下的,希望年轻演员要多多训练。"

游老师用自己的方式,几十年如一日地锻炼。让自己的身体更好地驾驭角色。

在国内经常被人提起的经典电视剧,除了《济公》之外,就是《西游记》了。六小龄童本身是近视眼,近视眼如果不戴眼镜就会有两个缺点,一是空洞无物,二是暗淡无光,但是为了把孙悟空的火眼金睛练得炉火纯青,他在训练上没少花工夫。

主要手段有两个,一个是每天早上看日出,傍晚看日落。白天眼睛盯着乒乓球飞来飞去,晚上盯着香头两边回转。

依靠着每天的训练,六小龄童不仅弥补了这个缺点,还把眼睛练到极致,这就是每天刻苦训练后达到的效果啊,后来大家才看到了孙悟空那双发光的火眼金睛。

《济公》《西游记》这两部现象级的作品在全中国,大到九十九,小到刚会走,基本上都看过了。后来也有许多人不断去改造它、重拍它。但是无论怎么拍,都很难拍出当年万人空巷的口碑。

《济公》乐善好施、惩恶扬善的精神和《西游记》永不言败、拼搏向上的精神,都是被全国老百姓所推崇的。

这两部作品之所以好看,不仅仅是因为作品中所表达的主旨,还因为游老师和六小龄童老师在表演当中倾注了极强的肢体语言,使得两个角色,活灵活现。

如果没有好的形体,是无法塑造好这两位经典人物的。

西游记中扮演沙僧的刘大刚老师说:"游老师的济公,别看疯癫的走路样,其实里面都有很多戏曲的招数。我们传统学戏曲的一下子就能看出来。如果没有常年的训练,是很难驾轻就熟的。"

有一位舞蹈家说过:"国标舞是不可以有废步的,它的每一个肢体都是有名字的。"游老师就是按照这种标准来要求学生们在舞台上展示形体的。

很多时候,演员们在舞台上多走了一步,他都要问,为什么要走这一步?想表达什么?如果说不出来,就是经不起推敲的表演。

他对形体的要求,就是严格到了每一个脚步的地步。

—— 做一个性格演员 ——

现在娱乐圈有很多这样的演员,很漂亮,很帅。他们不愿意做任何改变,甚至影迷都不希望他们变,最后拍的剧都成了青春偶像剧了。当然这个也许是现代商业的需要,是票房的需要,但是绝对不是表演艺术的需要。

"**我们要做一个性格演员!**"游老师强调。

"性格演员就是塑造不同性格的演员。不能是演这个角色是这种感觉,演另外一个角色也是这种感觉,结果什么角色到他手上都是一种感觉。

把某个知名偶像演员近十几年的戏拿出来汇总看一看,会有什么区别吗?他一个人演了上百个角色,但是所有的观众都感觉,他是在演他自己。这样的演员生涯,其实是没什么意思的。**我们要一人千面,不要千人一面。**

还有人,从我这里离开之后去了剧组待一段时间,回来以后竟然开始拿一些手法来蒙我。比如说演哭戏,他不好好走心,而是双手蒙面,呈现抽泣状。真是搞得我哭笑不得!

作为一个专业的演员,我不愿意当这样的演员。我不愿意重复别人,我更不愿意重复自己。"

正是游老师几十年如一日对自己这样的要求,才造就了他精湛的演技。

现在每每到一些综艺节目的现场,主持人让游老师即兴来一段在 1960 年《克里姆林宫的钟声》里饰演的列宁。对于列宁的表演和人物把握,游老师易如反掌,演得惟妙惟肖。

与其说游老师的即兴表演说来就来，没有准备。倒不如说游老师几十年来一直都在准备，每时每刻都在各种角色当中穿梭。

游老师年轻的时候曾经在一幕戏里头跑过五个龙套。

整部戏一共五幕戏，每一幕戏换一个角色，一共演了5个龙套！第一幕，朝鲜老大爷跳舞，欢快跳舞的状态。第二幕，匪兵，站岗的状态。第三幕，匪兵小队长，一个老大的状态。第四幕，志愿军通讯员，眼观六路，耳听八方。第五幕，美军俘虏，被美军押送。

很多人在一部戏里只能演好一个角色，游老师一部戏五个角色，用他自己的话来说就是："有了正确的表演方法，演再多角色也轻轻松松没压力。"

有人曾经私下问："按理说，演完《济公》，一炮打响之后，各种演出邀约应该是纷至沓来，但是为什么游老师鲜有新的影视作品出现呢？"

核心的原因就是，游老师没有遇见中意的剧本。他宁愿不演，也不随便演。他们那一代的老艺术家身上都有着这样一股血气和傲骨。

演了济公之后，很多人都认为游老师是喜剧演员，很多导演都拿他当喜剧演员用，甚至有时候把他当滑稽戏剧演员来使。游老师不去出演不是认为这些角色小，是因为，这些本子过不了他这一关。不是说给他很多钱，他就非去不可。游老师在中央实验话剧培养出来的风气，不允许他做这样的人——坚决**不愿意用钱去糟践名声**。

前些年有一位知名演员的电影找游老师演一位老头，但是这个老头在戏中的角色有一些为了搞笑而表现出的不雅动作，游老师对这样剧本的创作是有意见的。他对当下的许多作品提出了自己的质疑，实在无法接受一些导演给他的角色。

所以，游老师就在充满名闻利养诱惑的娱乐圈，潇潇洒洒地过着自己的演员生涯。**遇到不满意的，给再多钱也不干，遇到喜欢的合适的，不给钱也要上**。上了就要全力以赴。

做一个"性格演员"就是要"既要能演喜剧，又要能接得住悲剧"。这样才能对得起观众。

游老师在《克里姆林宫》里的列宁造型

—— 喜剧是最高层的艺术 ——

《济公办学》是 1998 年游老师在央视元宵晚会上表演的小品。时隔 18 年，再次被他搬出来，改编成一个小时的喜剧作品。

与《最后之胜利》的严肃相比，《济公办学》更多的是喜剧。也正是因为排练这部戏的原因，人们才有了更多的机会看到游老师的喜剧才华。

《济公办学》讲述的是家庭教育问题，最后的结局是游老师用济公诙谐的方式来教育父母和孩子。

戏中有一位妈妈，为了能够让自己的孩子成功，不惜一切要贿赂济公，期待自己的孩子能成为下一个马化腾，甚至拿诺贝尔奖……一系列的台词和动作，都让这位家长的戏份笑料十足。

扮演这位妈妈的演员郑迪文问："游老师，我这个角色那么搞笑，是不是在表演这个角色的时候，要更夸张一点，才能让观众笑呢？"

"我们的表演不是夸张，而是强烈。所有人都不相信这个妈妈的话，但是这个妈妈自己却是百分百相信自己的话，她相信自己的孩子可以拿诺贝尔奖。

你在演的时候，到底应该是演什么？演一个自己也不相信自己的妈妈呢？还是演一个确信自己的妈妈？很显然，后者才是我们应该要表达的！不仅要表达，而且要强烈地表达，要更加相信自己的愿望！很多人演喜剧的时候，看着角色的人物好笑，就抱着一颗'喜剧'的心态去演，结果就他自己觉得好笑，观众并不觉得好笑。"

游思涵也曾经说过这样一段话："**那些在我们看起来是喜剧的情节，对戏中的角色来说，恰恰不是喜剧。**"

周星驰的许多经典喜剧非常值得玩味，比如《喜剧之王》，周星驰饰演的角色叫尹天仇，尹天仇醉心戏剧表演却始终不得志，但他却依然不屈不挠地寻找许多表演机会。有一次导演让尹天仇在非常短的时间内，在许多的角色中不断转换情绪：

在医院等老婆生孩子的表情；儿子出世；儿子天才，会叫爸爸……

周星驰的表演非常强烈，当时的他是非常相信自己的角色，并且非常投入在导演的指令中的。那一段表演让许多观众捧腹大笑。但是那个时候的周星驰本人并不觉得搞笑，他就是在很认真地完成导演交给他的任务。

游老师说："喜剧的特点就是'一真，二快，三对比'。关键就是这个真，一定要真实！这也是很多业余戏剧爱好者在表演喜剧的时候，对喜剧的误解。他们在演这个搞笑角色的时候，自己就把他当成一个搞笑的角色在演，自己说的那些'夸张'台词，自己都不相信，观众更不可能相信。别人可以不相信，但角色自己一定要相信。而且演喜剧，要更加深信不疑。别人认为是搞笑，对角色来说，绝对不是搞笑。"

喜剧还有另外一层不为大众所知的境界，就是克制。

《济公办学》里有一位孩子是狼娃，从小被父亲进行军事化训练，最后狼爸和狼娃都被济公感化了，狼娃抱着狼爸痛哭，并且目送狼爸离开自己。

在诠释痛哭这个片段的时候，很多演员会选择完全释放自己的感情。

但是游老师却认为，在这一段的诠释上，释放是一种境界，但是克制是更高的境界。

因为她跟父亲朝夕相处，感情深厚。这个时候父亲要把她交给济公了，父亲对自己寄予厚望，自己不能哭，如果让父亲看到她哭，父亲也会很难过。所以，这一段内心要汹涌澎湃，但是外表却要克制。

喜剧是最高层的艺术，把喜剧演好了，悲剧是手到擒来的。

学会了喜剧，才能演悲剧。**要学会释放，才能学会含蓄。**

很多青年演员演的含蓄，根本不是含蓄。他们只是表面上含蓄。

真正的含蓄是表面平静，但内心是一团火。

话剧老顽童

—— 对舞台怀有虔诚心 ——

很多的青年演员,在演戏的时候,会好好演戏,但是在没有戏的时候,手机就成了长在身上的器官,脱不下来了。

游老师看到这种情况,就把演员们拉到一块儿。

"金山(著名表演艺术家)晚上要演出,孙维世(金山夫人)一整天都不跟他说话。为的就是让金山更好地进入角色状态,他一天都会在人物的感觉里。

作为一个演员,最基本的要求,就是演出的过程当中,都应该保持在角色的状态当中。如果你还有心情看手机,那么想都不用想,你肯定会演不好戏。"

游老师在每次演出前,都会提前半个小时坐到舞台上去,提前进入角色的状态。而艺术团的其他人呢?绝大部分还在后台刷朋友圈。

被游老师说完之后,演员们都进行了反思。到后来,艺术团上场表演前,所有人都要拜台,在大幕后面向这座舞台虔诚地礼拜,这成了艺术团长久以来保持的一种文化。而在演戏的过程当中,青年演员们也都不看手机了,而是专心在一旁看游老师演戏,跟着游老师的节奏一起感受这出戏的呼吸。

—— 演员，需要积累 ——

2013 年夏天的某一天，游老师一时兴起，在团队聚餐临近结束的时候，提议大家一起去 KTV 唱歌！

因为老师在场，所以，大家点的歌曲风格都是舒缓的。游老师看大家状态不对，就自告奋勇点了一首罗大佑的《是否》。

这是所有人第一次看游老师唱流行歌啊，大家都看呆了。唱完后，游老师看到有些人放得不是很开。就说："我们来学学中国好声音，坐在沙发上的人都是导师，当你觉得他唱得好的时候，就站起来，这就跟转椅一样！大家看看自己唱歌，能有几个导师站起来！"

游老师无时无刻不在鼓励年轻人。《中国好声音》第一季度刘欢战队的刘悦就是游老师鼓励她去参赛的，在去参加好声音之前，刘悦曾经跟随游老师学习。

在游老师的带动下，大家渐渐打开了自己。点的曲风节奏越来越快。现场马上被点燃！当张震岳的《爱的初体验》响起时，游老师不仅跟着打起了节拍，还跟着跳了起来。

"如果说你要离开我，请诚实点来告诉我。不要偷偷摸摸地走，像上次一样等半年……"

跟着歌词，游老师竟然现场即兴表演了起来，他看着屏幕上的歌词，自己扮演歌词中的男主角，把歌词里的故事演了出来。游老师的即兴发挥让大家笑前翻后仰，杨阿姨在旁边也乐得合不拢嘴。

……

晚上，大家唱累了就坐在沙发上畅谈最近的一些感受。游老师问大家："知道为什么我要把大家拉来唱歌吗？"

"老师您是看我们最近排练太累，想让我们放松一下？"我回答。

"对啊！但是更重要的是让大家积累不同的生活元素和经历。我们不能老在排练厅待着，要出来看看。

大家以前在 KTV 里唱，都是随便唱，自己开心。但是我们应该像一个演员一样唱，在歌声当中要投入，要进入到作者的状态。这样子去唱歌，我们作为演员才能多一分积累。演员拼到最后其实就是拼文化和积累。"

平时，游老师会鼓励大家经常去看书和电影，他说："**一部好的书和电影，是作者和导演一年甚至是好几年的精华，我们花短短的时间就能把别人的精华吸收过来了，天下还有比这更加赚的事情吗？**"

游老师不仅是这么说的，同时也是这么做的。有很多好片子一上映，游老师都会第一时间跟大家探讨，甚至带着年轻人们一起去看。

"好的电影我们要看，不好的电影我们也要看。看他们到底好在哪里，不好在哪里。这样才能训练我们的鉴别能力。"

"作为一个演员，我们还要多关心我们身边的生活正在发生什么，中国正在发生什么。所以要经常阅读新闻，与时俱进。"

游老师的家里，永远都是一叠一叠的报纸和杂志，总量都能盖几层楼。自从会玩智能手机后，他每天就是抱着手机，看手机推送的新闻。从政治到民生，从民生到娱乐，都会关注。每次看完，都会第一时间跟别人交流。

游老师说："演戏其实就是演人，而人又是千变万化的。所以我们作为一个演员，每个人的局限性都是很大的，所以为了让自己的可塑性更强，我们每时每刻都要积累。**积累无处不在，永远都积累不完。**"

经常会听到有人在吐槽，有些人总是让身边专业的朋友随便做一下他们专业的事情。比如让摄影师帮他们随便拍几张照片，让设计师随便帮他们画几张图。总是惹得专业人士哭笑不得。不是他们不帮忙，而是因为在他们眼里没有"随便"这两个字。

文艺工作者的成本不在于当下对这个作品花了多少时间和成本，而是作者在经过了无数时间和阅历沉淀之后，最后取得的宝贵经验和精湛技术。

所以很多有实力的演员开价高片酬也是有他们的道理的，因为在过往的岁月当中，他们看过的每一本书，品过的每一杯咖啡，研究过的每一部电影，甚至是走过的每一条路，经历的每一个场面，都属于隐形成本。正是有他们这一次次的积累和沉淀的凝集，才化成了他一次次精彩的表演。

"**做艺术家，一辈子是不够的。**"游老师如是说。

—— 演员的形象 ——

有一次艺术团的演员们在排练后凑在一起探讨演员的形象塑造。女演员邹燕感叹自己的鼻子相对于其他女演员来说,不是特别立体,总觉得是一个缺陷。身边有人推荐她去打一针玻尿酸填充一下。

游老师听到之后,立马反对:"我不同意这个说法!我们不要把工夫花在这些地方上,不要与父母给我们的先天条件做斗争,而要把时间和精力都用在演技上。

现在许多表演艺校的老师动不动就让孩子们去打针,好好的脸蛋上这打一点,那填充一点,脸都搞坏了!我们是坚决杜绝这样的风气的!

在你的演技没有得到大家认可之前,你所有的缺点都是限制你发展的条件,但是只要你在演技上成功了,你的缺点就会变成你独有的特点。"

游老师拿自己举例,他强调演员应该对自己的自身条件十分清楚。如果自己都不了解自己,那如何发展自己?

"我有自知之明,演员都应该有自知之明,知道自己是什么材料。我身材矮小,不是那种非常壮的体格,演不了高大上的男一号,但是我并没有因此而气馁。

我从来只演我喜欢的角色,哪个角色打动我,我就演哪一个。在我年轻的时候我就不想演罗密欧啊之类的男一号,因为我知道自己不是那块材料。但是哪一个角色只要被我看上了,那么对不起了,我要放光了。哪怕是一个一句台词都没有的角色,我也会用对待主角的态度去对待它,你现在只有举轻若重了,你将来真正有机会在面对重要角色的时候才能举重若轻！"

"不求同年同月同日生，但求同眼同鼻同医生。"这句微博上非常热门的流行语道出了当下的现状。当年的实力派演员一个个都想着如何提升自己的演技来接戏剧，而现在有部分演员天天都是在想着如何整容，用这样的方式打开影视圈的大门。

游老师时刻都在跟青年演员们强调：要找到自己身上的特色，不要把工夫花在不必要的地方。游老师看演员特别准，许多大导演在挑选电影角色的时候都会来征求游老师的意见。

"我们今天看到的范冰冰，她能够成为今天的她，一定不是我们想象的那么简单的，为什么她成了，那些跟她有着一样漂亮脸蛋的没有成？

你要不要想想这个问题？你今天发现，有很多人靠美貌改变了生活，其实是不对的，因为你只看到了一部分，面容是我们跟人交往当中的第一印象而不是终极印象。

有很多时候，长得太英俊、太漂亮在某种程度上会让你有太多的偶像包袱。现在娱乐圈里的一些人长年以来因为放不下偶像的面具，只能长期演偶像剧，无法尝试太大的差异化。即使尝试了，也很难跳脱出他自己的影子，演什么都是他自己。那观众到底是去看他演的角色呢？还是去看他这个人呢？

我们年轻的时候也碰过这样的演员，长着特别俊俏的脸蛋，一上来就是男一号，这本来是好事，但是没想到他自尊心太强，久而久之，他一辈子只能演这种奶油小生的戏，其他的角色不愿意尝试。所以千万不要让自己的戏剧道路陷入这样一种状态当中。

父母给你的外在，我们要坦然接受。人们看到的东西，不是眼睛决定的，是脑子决定的。我觉得你漂亮，不是客观漂亮，而是主观我认为你漂亮。

现在这个社会经常提到一个词叫作颜值，既然颜值那么重要，那我们要如何提高颜值？提高什么样的颜值？

你打扮外在只不过使别人当面表扬你，但是你听不到别人背后议论你。你会听到别人当面说你衣服穿得很好看，但是你听不到别人背后说你气色很差，精神不佳。你是想活在别人的谈话里呢？还是不管是在人前人后，别人都称呼你是一个品质非常高的人，都是一个被人称为勇于承担，勇于开拓的人呢？

我们精心打扮自己，不是为了要显示自己。而是装点这个世界。让世界因你而美丽。"

—— 演员就得挨骂 ——

游老师虽精神矍铄,但毕竟年过八十。为了保证游老师在排练的时候不那么累,每次排练时都会有其他人来代替游老师的戏份,这样游老师就可以在一旁休息,同时观察演员们的排练,找出问题。

有一次,我又毛遂自荐,想在排练中扮演弘一法师。我经常被游老师拿来开刀批评,这次依旧偏向虎山行。排练的时候,我认真模仿游老师演弘一法师的一举一动,包括声音,都故意学游老师往下沉。没想到,一场戏下来,游老师站起来说:"所有人都演得很好!就许晋杭在台上装蒜!我们一定要对戏剧真诚,千万不能像许晋杭这样懈怠!"

游老师的话一下子把我弄懵了,又一次打击。

"当年我在实验话剧院的时候,没有我的角色可以演出,我就在旁边认认真真地看,并且在心里把别人的台词都拿下来。

有时候,孙维世导演突然就让我上场顶替某一个人的戏,我二话不说就冲上去,而且完成得非常出色!我不是照葫芦画瓢,而是演出我自己的风格!

作为一个演员,我只要一上场,我就不是顶替的,我就是百分之百投入。"

这种突如其来的一顿说,让我心情苦闷,呆坐一边。

不一会儿,游老师走过来,把头凑过来跟我说:"我的老师列斯里,苏联的艺术专家,给我们上第一节课的时候就告诉我们,演员是挨骂的职业,这个我跟你们说过很多遍啦!

你这才哪儿到哪儿啊!振作起来!既然我们选择了这样的行业,我们就要接受这个行业的特殊性。

我从在学校就被老师骂,到了剧团被导演骂。没有人给我鼓励,我自己要给我自己鼓励。

所以到后来,我就不怕别人骂我了,别人越骂我越高兴,我越硬,因为他要是能骂到我的要害了,我更应该高兴才对。"

我是剧组最年轻的演员,从阅历上来讲也是最无知的,对很多事情都摸不着头脑。

刚到游老师身边的时候,有一次我们一起吃饭。饭桌上,我竟然站起来隔着服务员去夹对面的菜。茶壶倒完茶之后,我竟然把壶嘴对着别人……游老师看着直摇头。

我们一起去寺庙,我对着一尊佛像说:"哇,这尊佛雕刻得好漂亮!"

游老师转过头来,一脸严肃:"**这不是漂亮,是庄严!**"

有一次在外面,我把手搭在师兄韩超的肩膀上,游老师走过来,把我的手拿了下来,头也不回地就走了。

游老师事后跟我告诫道:"**人在外面,要注意自己的形象**。公众场合,把手搭在师兄身上是一种很随意、很不尊重的感觉。可能我们自己没有那么想,但是我们的肢体语言会给别人传递一种信息。"

在现在这个社会,能发现学生的痛点并且帮助解决问题的老师,实在不多了。从综合次数来看,在游老师身边,我既当学生又做助理,被骂得最多、最凶。

　　游思涵经常安慰我，跟我说："老师对你是有特殊期待的！往往一个师父把弟子骂得最惨，他就越是希望他能成大器！不然他干吗吃力不讨好花时间在你身上呢？有这时间，他何不看看报纸、喝喝茶，干点其他事儿呢？"

　　虽然游老师经常在我们面前批评我们，但是在外人面前却毫不吝啬地表扬我们。

　　给别人介绍的时候，总是会提一下学生们的优点，比如："许晋杭曾经参加过许多电视节目，还拿过奖。田垄的脱口秀讲得很不错。剑光吉他也弹得很好啊！"

　　大智慧会的人在处理事情上都有自己独特的方法，只是被骂的人大多年少不更事，一叶障目，很难理解老师们的良苦用心。接受被骂、习惯被骂，并从此做出改变，人生的蜕变也就开始了。

—— 一人千面 ——

父亲出车祸，接到通知后，赶到医院。

怎么演？

这是游老师出的一个即兴演出题。

几个演员纷纷上去演出，但是得到的反馈都是"太一般"了，有的甚至"一点都不像"。

游老师说："**内心的节奏和外部的速度是完全相反的**。"

我们内心的节奏是很快速的，但是外部也是很快速的。急急忙忙来到医院，然后急急忙忙问医生，找父亲，甚至有的人在医院的走廊大哭了起来……中间根本没有任何的思考空间，没有判断。

发生大事，内心第一下是不是蒙的？第二下是不是要想'要怎么办'。哪有一到医院就大吵大闹的？你们都按照电视剧的方法来演啦。**你们有想过克制自己吗**？如果这个时候你还有兄弟姐妹或者妈妈呢？是不是自己越悲伤，越不能让他们看出自己悲伤，而且还要安抚他们的情绪？哪有像你这样一上来就哭闹的？所以内部的节奏越紧张，外部的表演速度完全相反，这才是更高一层的表现。**不把紧张演出来的紧张，才是真的紧张**。"

"要是观众觉得不像怎么办？"有人提问。

游老师说:"你相信了,观众就相信了。把注意力放在戏上,不要放在观众上。另外,你刚刚也不是作为一个角色在紧张,而是作为你自己在紧张,我没有看到你塑造一个鲜明的角色,你不能演什么都是自己。

一个演员,在台上如果只能体现他自己,甚至一些生活习惯动作也是他自己的,那么他就不能算是个演员。他也体会不到表演艺术给他带来的快乐。

我们要像梅丽尔·斯特里普那样,演什么像什么,并且经常都可以被奥斯卡提名,受到观众的喜爱。而不是像偶像明星,他不管演什么角色,观众都不是去看戏的,而是去看他这张脸的,这样的人,是带动不了戏剧的发展的。

表演永远不是一成不变的。你要一人千面,不要千人一面。

盖叫天老爷子每天练功,然后演出,始终觉得没有找到一种最好的感觉。他没有文化,但是他可以给我们做报告,他讲的话可以出书,他在谈他的表演经验,从艺的经历。他经常点香,打坐。他看到那个烟在绕,他就想,这个戏曲动作,如果反转身,就跟这个烟雾一样,婀娜多姿,他能从烟里头,联系他的专业,盖派特有的云手和身段样式就是由此而来,最后还创造了一系列的京剧舞蹈动作。

所以,艺术是长期积累,偶然得知的。最关键的就是这个积累,不要放弃,有些人觉得艺术太枯燥了,就放弃了,就去追求一个快速的手法,那这样的人一辈子都进步不了。"

—— 戏比天大：重伤也不下火线 ——

游老师第一次受伤是 1987 年，那是他第一次去新加坡演出。

"当时在台上唱歌，灯光太暗，一不小心，我一踩空，直接掉下乐池了。"当时猛地一摔，脚摔成粉碎性骨折。

"我掉下去的一瞬间疼痛无比，但是我想，糟了，怎么办！现在还在演出过程中呢！幸好当时是在伴奏的过程，我马上就站起来，露出一个头给大家唱歌，慢慢地用一条腿撑着我跳起来，一边跳一边唱，最后伴随着结尾，慢慢一条腿跳到侧幕。"

1987 年 4 月 10 日，新加坡《联事早报》一篇名为《济公带伤娱众》的报道成了第二天的头条新闻，连李光耀总理的新闻都被挤到旁边了，整版大面积的内容都是关于"济公"受伤的内容。

标题是"演员游本昌在丽宫戏院摔下受伤，仍忍痛负伤为观众演唱，亦庄亦谐，换来满堂喝彩"。

游老师说："我们当演员的任务，就是带给观众欢乐。**我不愿观众为我担忧，不愿他人见到我的劳累和痛苦！**"

一代高僧茗山法师也曾在自己的日记中记录此事："这个艺人的心确是菩萨

心肠。但愿众生得离苦，不为自己求安乐。游老居士的职业道德值得我们学习。"

当时，结束表演后的游老师第一时间被送到了医院检查。粉碎性骨折，他不得不接受手术，手术后，他在医院住了一天，也疼了一天。

在这一天里，大家都在想着他的伤怎么办，而他却在想，明天的演出怎么办？

游老师再三强调主办方第二天的演出不能取消，他觉得自己可以坚持演下去。

后来他想了一个办法："你们去找一个桌子，我就坐在桌子上，然后在桌子的下面装上四个车轱辘，平台蒙着黑布，这样就能把我推出来，我坐在桌子上唱歌。"

游老师就是这样一个演员，无时无刻不把表演当成他的头等大事。

每当游老师跟学生们回忆起这段往事的时候，必然要把"江南活武松"盖叫天老师的经典故事拿出来分享。

"戏曲界的武生演员在演出中摔胳膊摔腿是常有的事。

1934年，盖叫天出演《狮子楼》，扮演武松。戏演到武松追杀西门庆时，盖叫天一下子从五张桌子上面跳下来，不幸折断了右腿，疼痛难忍，但盖叫天强忍剧痛，左腿以'金鸡独立'的造型，挺到合上大幕。这段轶事，在戏曲界广为流传，许多观众也都佩服不已。

田汉曾写诗：断肢折臂寻常事，练出张家百八枪。以此盛赞盖叫天。"

盖叫天老师这种"戏比天大"的精神，一直鼓舞着游老师在舞台上兢兢业业，重伤不下火线，莫里哀说："**死在舞台上，是演员的幸福。**"游老师用一生在诠释着，什么叫作真正的演员。这是他的信仰所在。

晚年：时间的朋友

梦想永远不会太晚
"济公"游本昌的智慧人生

游老师已然是德艺双馨，但他从没有躺在自己人生的功劳簿上醉生梦死。他一直很遗憾自己的前半生被荒废了，所以他的后半生一直在跟时间赛跑。但是他和时间却不是敌人，而是成了温柔的朋友，这使得他成为周遭所有人的灵魂导师和精神支柱。

—— 怀念总理 ——

2011年12月25日,中国国家话剧院举行了庆典活动,纪念剧院前身在延安诞生70周年,中国青年艺术剧院和中央实验话剧院合并组建10周年。游老师和冯绍宗、朱奇、王鹰、曹灿、张家声、薛殿杰、雷恪生等多名在国话从艺50周年以上的艺术家获得了国家颁发的荣誉证书。

游老师早年第一次登上人民大会堂,就是在1959年,由时任国务院副总理兼秘书长的习仲勋同志极力推荐。当时游老师在某一场演出当中扮演的是列宁,正好就被习副总理看到,总理觉得游老师演得惟妙惟肖,表示一定要推荐这个戏到人民大会堂给大家演演。这才促成了游老师人生当中第一次登上人民大会堂的经历!

而谈起周恩来总理,游老师更是激动、兴奋。

游老师在电视荧屏上塑造了济公,深深印在了几代中国人的心中,成为传世经典。游老师在话剧舞台上饰演的弘一法师,也得到了广泛好评。他饰演的这两位伟大的人物都得到过周总理的美誉。

在浙江天台济公的故居照壁上镌刻着周恩来总理评论济公的手迹:"人民很喜欢济公,他关心人,为不公平的事打抱不平,在民间流传着许多关于济公的美丽传说。"

周恩来对曹禺说:"你们将来如要编写《中国话剧史》,不要忘记天津的李叔同，即出家后的弘一法师。他是传播西洋绘画、音乐、戏剧到中国来的先驱。"

游老师在文化部发表演讲的时候说："在座的很多人，都接触过第一代领导人。周总理是我心中的榜样，学习的楷模。1949年至1959年，我作为一名演员，那是我最快乐的年代，最成长的年代，阳光最灿烂的一个年代，也是跟总理接触比较多的年代。我在剧场会经常见到许多领导。1956年建院，总理每一出戏都来看，有些甚至还看两遍。我以总理为榜样。对我们来说，退休是不存在的，总理鞠躬尽瘁，死而后已。我提前退休，就是为了退而不休，是为了更多地做一些事情，我想大家一定会有共鸣。"

1959年，在颐和园听鹂馆的一次酒会上，游老师致祝酒词："百战百胜，常胜将军陈毅元帅！"

当时周总理也致辞，陈毅元帅最后致答词，他说："哪有百战百胜的人啊，都是要经过失败的。今天的我们，都是幸存者。"

人民的总理去世，联合国给予了他独一无二的殊荣，当时有些人还提出异议，凭什么给中国的领导人如此殊荣？联合国秘书长站出来说："他一没有财产，二没有私人存款，鞠躬尽瘁，为老百姓服务，谁要是这样，我们总部也给他降半旗。"

游老师在不同的场合，会用不同的聊天内容来跟对象产生共鸣。如果跟百姓在一起，就会聊自己创作济公的趣闻轶事。如果是跟干部在一起，则会聊起党的第一代领导人对自己的影响。有一年游老师回老家泰州演出，市政协主席接待。游老师跟干部在一起，总是会聊起周恩来总理对自己影响的故事，激励他们要为人民而奋斗。

"周总理对我们的爱，我们是感受过的，我们演出结束后，周总理一定会留下来跟我们合影。我们中央实验话剧院,他每一个戏都要来看,只要总理一鼓掌我就返场。有一次,我连续返场 5 次,演了 7 个小节目!

有的戏总理甚至会来看两遍,他怎么会有时间啊?他就是有这个挤出来的时间,来关心我们。

总理看戏是一个什么情况?演出后,我们一定在台上等着,他会上来一个个握手,依次按照顺序,他的握手不是简单地把手伸过来,而是很亲切的那种。

他是认真地看着你。我感受到了力量、动力、平等。甚至有一次,他自己站在后面,让导演和主要演员坐在椅子上。

他是领导?还是亲人?还是师长?三位一体,周总理,他都做到了。

跟总理说话,我感觉他能给我生命的力量。在最特殊的年代,**我一度想要自杀,树都选好了**。但是一想到周总理,我就有动力,我告诉自己不能这样,我还有很多重要的事情去做!"

前排左三为游老师

—— 金婚 ——

2014年2月15日和16日,游老师自掏腰包,在北京大隐剧院连续义演两天话剧,不卖门票,不拉赞助,为的是响应青海省慈善总会雪峰公益基金发起的"暖心关照西部儿童行动",同时,也是为了纪念自己和夫人结婚50周年。

按照世俗的传统,这么重要的日子,应该大摆宴席,好好庆祝。但是游老师和夫人决定把应该拿来庆祝的费用,都用来包场演出。在他们二人眼里:"众生如儿女,儿女如众生。跟大家在一起工作,就是最好的纪念方式。"

演出结束后,在后台,演员们为游老师和杨阿姨准备了一块巨大的蛋糕。

当大家都在用手机拍照发朋友圈的时候,游老师用心看着眼前的蛋糕。切蛋糕的时候游老师说:"等你们结婚50周年的时候也要通知我吃蛋糕啊……"

—— 游老师的传家宝和终身成就奖 ——

这些年来，别人送给游老师的收藏品多到游老师用专门的一间房间来收藏都还装不下。众多的收藏品中，游老师独把一幅书法挂在家里的大厅中央。

这幅书法就是茗山长老在1998年给游老师题的"以文艺化导人心"。

2014年6月，游老师受邀到中央电视台参加《传家宝》节目的录制，节目组以为游老师会带着什么奇珍异宝上场，没想到游老师却带了一幅字。

"它就是我的一切，比我的房产和存款以及一切荣誉都要宝贵！"

此话一出，主持人王刚以及鉴定专家们都被这幅字吸引了，静候着它背后的故事。

"1991年我去西藏，两位藏族的小朋友给我献了一块小哈达，小朋友说看了藏语版的六集《济公》，非常喜欢，但是还想往下看，可惜没有了，希望我能继续拍。在那样一个高原上，两个小朋友给了我一个任务，我作为一个演员，应该为他们做事情，所以我决定做《济公》续集。以后什么奖我都可以不要，因为藏族小朋友在4500米高原上给我的这个小哈达，就是我游本昌这一辈子艺术生涯的最高奖赏了。

1998年，茗山长老给我赐字，很多人去找长老求字都求不到，而我没有找长老求，是长老主动写给我的。这更是让我感到格外的珍惜啊！

后来我渐渐地对这幅字有了感悟。7个字，里面有3句话：

以文化人，
以艺导心，
以文艺化导人心。

我慢慢明白，这是长老给我的使命啊。我愿意永远这样，永远以文艺化导人心。"

现场的文物鉴定专家听完后，备受鼓舞："茗山长老是中国最受尊敬的大德之一，除了道德学问之外，他的书法功力甚深，他的字古力雄健，这个词儿也跟您的事业结合得非常紧密。我们希望有更多的像游老师这样的好演员，让我们的电视节目更加充满正能量。"

最后，这幅字被现场的鉴定团鉴定为无价之宝。

2011年，有一个奖项要颁发给游老师，作为终身成就奖，游老师一听到这个消息后，就给组委会写去一封信，希望这个奖不要给他个人，而是给整个团队。正如游老师所说，他在1991年已经获得了人生的最高奖赏，藏族小朋友献给他的哈达就是他的终身成就奖。

游本昌艺术团人员的名片上，正面都是这幅字，背面才是基本信息。当我们递给别人名片的时候，都是把这幅字朝上，以此跟别人结缘，传递长老的精神。

—— 一息尚存，坚持不懈 ——

平时我作为团队的经纪人，在外面谈事情，遇到最高频的一个问题就是："游老师已经八十几岁了，现在还在工作吗？"

"是的，不仅工作，而且工作量还非常大。经常飞来飞去，偶尔还要到国外出差。"

在当下社会，绝大部分的人到了六十岁或者七十岁，就已经进入完全退休的状态，八十岁基本都已经不出门了，游老师今年已经 86 岁了，还能出来演出，参加文艺活动，实属罕见。

曾有很多记者朋友就养老问题问过游老师。

游老师说："我不演戏，我还能干吗？这是我喜欢做的事情，我现在还能做，为什么不做？

盖叫天有一次演出的时候在舞台上断了一条腿，他当场换了一条腿继续演，简直就是金鸡独立！他的精神，影响我一辈子！

莫里哀说过，作为一个演员，能死在舞台上是演员的幸福！我和夫人现在就是在工作养老，在专业的研究中养老。"

2014 年春节，游老师为了体验生活，去了北京非常好的养老院。

有一天，一位老奶奶对游老师说："你的日子肯定过得很幸福！"

"我们是一样的呀，你看看咱们都住在一个地方，这里的环境以及各方面

游老师和老年朋友们在一起

的条件多好呀！"

"那还是不一样，你是名人，你的生活肯定比我们好！"

游老师突然不知道该怎么接话。在回房间的路上，他和我说："这里已经是北京最顶尖的养老院了，她还不满足，**不满足的人，就算给他最好的，他也感觉不够。**

主要是心灵上要充裕。很多人到了这个年纪都是养老的状态，人是不能完全养老的，一养老就很容易退化的。希望有机会能跟这些老兄弟们谈一下生活经验。"

果然，过了一段时间，游老师真就抽出一天时间来，专门回到老人院，来看看这些老朋友，并且跟他们分享了一下午的人生感悟和心得。游老师认为，"活到老，学到老"，不要认为自己不行了，要全力以赴，找到属于自己的生活方式。

在《鲁豫有约》的访谈中，游老师说了一句总结性的话："**一息尚存，坚持不懈。**"

虽然已经到了耄耋之年，但游老师仍旧坐不住，每次演出都竭尽全力，才觉得对得起观众的支持。"演出、排练、创作，这就是我的养老方式。**能演到什么时候，就演到什么时候。**"

这个世界上，有20岁的朽木，也有80岁的常青树。游老师就是这棵树。

—— 健康护法 ——

2015年7月21日,游老师在成都演出,当天中午突然咳嗽,饭后,大家在抓紧时间联排之后,有医生过来给游老师扎针,为了晚上能正常演出,游老师采用了最快的治疗方式。

当场游老师咳嗽至少超过四十余次,但总算是顺利地拿下了演出,最后主持人上台的时候静静地看着游老师,都不敢吭声了。

"**每一场对我来说都是拼搏!**"这是游老师那段时间重复得最多的一句话。

"安排我生病,是为了提醒我,要注意身体。"游老师总能从一件悲剧中找到最乐观的点来安慰自己和身边的人。

游老师的骨质非常疏松,每年都要去医院打针,控制自己的身体。

那段时间,他打喷嚏、咳嗽,很难受。他总说:"疼是疼,不过这可能是个好事,更加引起我们的注意。

每到一个阶段,老天爷都会给我一点提醒,比如说1987年脚掌骨折,做了全麻手术;2012年疝气,做了半麻手术;2012年前列腺,又做了半麻手术。你知道吗,**有时候我还要带着尿袋演出呢**。"

作为著名的老一辈艺术家,游老师深受观众爱戴,大家都很关心游老师的身体状况。虽然他看着精神矍铄,但是到了这个年纪,他必定承受着这个年龄该承受的生理变化。让游老师能和时间对抗,最大的功臣就是游老师的夫人——

杨惠华。她曾是一名中医妇科主任医师。夫妻相依相伴五十多个年头，风风雨雨一起走过。杨阿姨一直是游老师的最强护法，保护游老师健健康康至今。

这些年来，许多优秀的老艺术家纷纷离去。每一位巨匠的离开对文艺界都是巨大的损失。他们一辈子对文艺的研究，有些时候还没来得及传承，就猝然离去。像游老师这样国宝级的艺术家，大家都衷心希望他能永远健康，长久住世，把更多的对于艺术的探索和人生的经验，讲给更多人听。

—— 蛋糕风波 ——

由于艺术团大部分时间都在外地出差巡演，所以经常会碰到巡演过程当中剧组有人过生日。每次过生日的时候，游老师一定要召集全剧组人员围在房间里面，彼此共同祝福寿星生日同乐。有一回在江苏常州，团队经历了一个特别的生日。

2015年10月25日是邹燕的生日，思涵给她提前订了非常漂亮的蛋糕，晚上演出后大家回到酒店正准备庆生的时候，发现留在酒店前台的蛋糕莫名其妙没了！一查才发现，原来晚上也有一桌客人在酒店过生日，服务人员把蛋糕当成他们的蛋糕，一块儿送到他们餐桌了。

对于酒店的失职，思涵在酒店前台打电话给晚上值班的经理，结果值班经理态度极其不耐烦，一度推卸责任。本来只是一件小事，大家只是想要一个合理的解释，但是面对这样的一种情况以及团队在外出差受到的委屈，游老师坐不住了，他披上夹克，直奔酒店大厅，为团队讨一个公正的说法。

知道游老师在大厅等候的消息，团队二十余人纷纷下楼，跟游老师一起等待值班经理的说法。值班经理知道现场情况之后，只能从被窝里爬起来，驱车赶回酒店。

经理显然没有认出来面前的老先生是游老师，一进门就一顿推卸责任："老师傅，我们送出去的蛋糕是我们自己订的。至于你们在外面订的蛋糕去哪儿了，我们也不清楚。要不这样吧，你们把蛋糕店老板叫过来问清楚怎么样？"

值班经理的态度让大家大吃一惊,她身上有着非常丰富的江湖经验,企图用她的经验让这件事情不了了之。

面对值班经理的无理,一旁的游老师站起来说了一番话:

"你不要以攻为守。你让我们找蛋糕店老板,那你们的蛋糕是谁订的?让你们订蛋糕的职工出来。你解决问题的态度是什么?李克强总理上台说,首先要解决的就是服务行业的态度问题。现场有没有监控?你可以调出来看!"

值班经理听到这里,刚刚一进门的理直气壮不复存在。

杨惠华阿姨是非常识大体、顾全局的人,她是艺术团最坚强的后盾,她说:"你来了就一直在质问我们。我们可是你们酒店的顾客啊。还找我们要手续?你岂不是在为难我们吗?我们要是拿不出来呢?你是不是就没有责任啦?我们拿不出所谓的手续,是不是就是我们错啦?"

"我们明天一整天还要工作,为什么我们现在要在大厅等你过来,难道就是为了要一个蛋糕吗?**我们要的是一个公平的说法!**"游老师补充。

酒店大厅灯光很暗,游老师和杨阿姨身上却闪耀着与歪风邪气做斗争的光芒!

游老师说:"我们确实想高高兴兴地给孩子过一个生日。你在电话里说了许多煞风景的话。这是立场问题,态度问题,感情问题。你不能为了摆脱责任,来对付自己的客人。"

不一会儿,送蛋糕的小伙子来到现场,证明蛋糕已经送到酒店,是由于酒店的失职才造成了蛋糕被其他客人吃掉了。事实已经特别清楚，在值班经理尴尬之际，送蛋糕的小伙子说："我有一个提议，现在还没十二点，我回去赶做一个蛋糕吧！"

这个提议瞬间让现场尴尬的气氛有了逆转性的变化，赢得了大家的一片肯定。

酒店总经理闻讯赶来，了解详情之后，又看到在现场的是游老师，急忙给大家赔不是："实在不好意思，她是我的手下，她没做好事情就是我没做好事情，这个事情责任在我。发生这样的事情，是我们对不住。我们有错在先，我们要来承担后果。"

游老师和蔼地说："你们要感谢这位送蛋糕的先生，是他挽救了你们酒店的声誉。人家面包房拿了一份钱做了两份蛋糕，特别实在！"

这件事情得到了很圆满的解决，总经理把新做好的蛋糕送到房间，值班经理也跟大家诚恳道歉，并表示深受教育。

值得一提的是送蛋糕的小伙子，他认出是游老师之后特别兴奋："能给游老师的团队送蛋糕，实在是太荣幸啦！我是看着您的电视长大的，我能跟您合张影吗？"

"哈哈，我能邀请你明天晚上来看我们的演出！晋杭，记得给他准备几张票，让他带着家人一起来看戏！"游老师笑着说。

接到游老师的邀请，小伙子的脸上乐开了花，大家在一片欢乐中，为邹燕的生日画上了一个圆满的句号。

邹燕喜极而泣："大家为了我这个小燕子那么努力讨公道。游老师演出结束后，那么累了，本应该好好在房间休息的。阿姨的腿也不是很方便，为了我的生日还坚持在楼下维权。我特别的感动。感谢我的大家庭！"

——"都演到 83 岁，这是我给你们的下限！"——

2014 的春节，我没有回老家过年，选择在北京陪伴在养老院体验生活的游老师和杨阿姨。我的生日是腊月二十八，那一年，游老师陪我度过了 22 岁的生日。

游老师笑道："本来养老院晚饭是不怎么下面的，今天是你的生日，我一想到生日肯定要吃面啊，结果今儿他厨房就做上了。这真是心有灵犀啊！你知道我们在生日的时候为什么要吃长寿面吗？"

"祝生日的那个人长寿。"

"这只是其中一层意思。其实生日吃长寿面不仅仅是要祝生日的人长寿，更重要的是我们要祝妈妈长寿，我们这碗面是为妈妈吃的。"

游老师的这番话让我醍醐灌顶。

"其实我不是很提倡热闹过生日。母亲生你的这一天，是你的生日，同时也是母亲最痛苦的一天。所以有人叫这是母难日。"

很多人生日的时候只想着别人为自己祝福，但是又有多少人生日的时候要为妈妈祝福呢？歌曲《推动摇篮的手》里面有一句歌词是这样写的："推动摇篮的那双手，也推动了整个世界。"母亲们用尽毕生的精力栽培儿女，让儿女更好地成长。**儿女以后的世界可能有很多精彩的人和事，但是母亲的世界，只有儿女。**

游老师说："晋杭，你要争气，要让妈妈看到你努力之后的改变。你这两年多在我身边已经改变非常大了，不再是 2012 年的那位懵懂少年，现在变得更加稳重踏实。我相信你只要虚心学习，一定会越来越出色。

当我们变得更加出色之后，我们就要懂得知恩、报恩。现在很多人还只是停留在感恩的程度，这是远远不够的。我们不光要有这种思考方式，还需要去行动，去践行。所以，我们要自己栽培自己，然后照顾好家庭。"

马克·吐温说过："**你生命中最重要的两个日子，一个是你出生的日子，一个是你知道你为什么出生的日子。**"

第一个日子要感谢母亲，第二个日子要靠自己去领悟。

媒体曾经问游老师，作为一个公众人物，一个著名的老艺术家，受那么多人关注，在 80 岁生日的时候为什么没有像其他知名演员一样大操大办。游老师秉持的理念是，**生日应该做一些有意义的事情，而不是吃吃喝喝。**

游老师一直云淡风轻，不为琐事烦恼。除了对表演的热爱和钻研，外界的嘈杂、时光的流转都与他无关。

"喷泉之所以漂亮是因为它有了压力；瀑布之所以壮观是因为它没有了退路；河水之所以能汇入大海是因为它有目标；滴水之所以能穿石是因为它有了执着……"游老师的人生概是如此，他是一个每天睁开眼就要努力奋斗的艺术家！

2015 年 12 月 24 日是游老师从艺 70 周年纪念日。

这一天正好赶上艺术院在排练厅排练。演员们在排练结束的时候，给游老师准备了一个温馨的蛋糕，大家围在一起，互相温暖着彼此。

游老师看着眼前大家给他准备的蛋糕，由衷地说："天下事就是一个缘。

你瞧瞧，咱们这两天举办了一个慈善的义卖，结果第一天就赶上平安之夜。2015年的平安夜。这一下子就让我想到我第一次登台的时候，那是1945年的平安之夜。当时我作为一个初中一年级的学生，演了一个小话剧，在话剧里头演了一个妹妹。"

听到游老师第一次演出竟然是反串演女孩，大家不由地笑了起来。

"哈哈，大家还别笑，这个一点也没什么奇怪的。因为在我之前，李叔同就反串过茶花女。有一次我在北京大学的红楼，当时田汉也在那儿，他就指着一张照片说'这个就是周总理'。周总理在年轻的时候也曾经反串过女孩。弘一大师和周总理都是我们心中的榜样！而我第一次演出也是个女孩，所以我觉得很光荣。今年这个平安之夜，也算是我艺术生涯的70周年。

为什么我没有操办呢？这个就是向弘一大师学习。有的演员40周年、50周年都出书了，我觉得我也有一本书，我的这本书是活书，就是我们宝贵的经历，就是我们的剧目。而你们，都是这些经历的传播者。

今天义卖的时候，我一定要让你们年轻人和几个孩子一起上台表演，这就是一种缘起，更是一种因缘的延续，也是对年轻人的一种祝福，作为七十年的艺术生涯，不是很短了，应该还是值得自豪的。

我希望大家可以以艺术为生命，以艺术为理想。在这70年当中，我们国家经过了很多的变革和运动，有些人大浪淘沙，就被大浪给吃掉了，当初有很多的诱惑，我算是坚守住了阵地。

所以我也希望大家做一个有缘人。今天这里，虽然很简，但是简而不陋，非常值得纪念，纪念什么呢？纪念大家所热爱的事业，在你们的生命里头，可以源远流长，流长到什么时候？到未来世。"

游老师把学生们都比喻成小草，虽然小草不是灿烂的红花，可是小草却最有生命力。游老师希望大家都像小草一样，争取生存，坚持理想，坚持学习，坚持奋斗！

晚上，大家在一块儿吃饭，其乐融融。大家一起勾勒未来的美好蓝图，大家畅所欲言，各抒己见。最后，大家都讲完之后，游老师在饭桌上说了一番注定要被载入历史的话：

"我今年 83 岁，今天是我 70 周年艺术生涯的纪念日，所以我想给在座各位未来的艺术家们布置一个任务。就是**每个人在你们各自的艺术生涯里，至少都要演到 83 岁，这是我给你们的下限**。而上限，我会继续给你们拔高。"

—— 互联网大门初开 ——

杨铄今知道游老师要去成都,连夜坐飞机前往。

2016年3月11日,游老师带着剧组的主创团队来到了双志精英会的办公楼,他要跟董事长杨铄今一起探讨自媒体的开发项目。杨铄今希望游老师能以济公的形象,开一个自媒体公众号,加入到互联网的战队当中。他讲了大量有趣并且生动的合作模式。

一:让游老师讲自己过去的故事,以一种回忆录的方式跟大家娓娓道来。

二:影片讲解。以一个自媒体人的身份,用自己独到的视角去讲解当下火热的影片,给大家推荐好的作品。

三:济公说法。大家可以问游老师当下最火热的问题,然后游老师来解答。在解答的过程当中既解决了大家的困惑,又在解惑答疑的过程当中传递正能量。

四:吐槽。差异化大家对游老师本来应有的认知,就是改变游老师的常规形象,让游老师扮演不同角色,比如在医生和患者的角色之间跳进跳出,目的就是为了改善社会紧张的医患关系。

刚开始,杨铄今还不敢向游老师提供第四种方案,游思涵在交流过程中,坦诚说道:"我爸是一个特别开放的人,他特别喜欢创作,之前还拍了许多幽默诙谐的哑剧,甚至还反串过呢!有一次他扮演一个孕妇,然后他就打扮成孕妇的样子拍戏,上洗手间的时候,旁边男的都吓一跳,真以为是女人过来上洗手间了!"

屋子里的人听到这段故事，都笑翻了天。她的这番话无疑给杨铄今打了一针强心剂。

"话剧是一个闭合艺术，关起门来，在一个剧场里表演。自媒体是一个开放式的平台，这一秒没有抓住观众的眼球，下一秒观众就走了。我们跟着百度热词走，跟着热点走。我们相信，您在自媒体上随便一说都会有几十万的点击量，因为您的人格魅力实在是太大了。

我们之所以尊重游老师，是因为他骨子里散发出艺术家的贵族气质！您的这种艺术家气质是无法模仿的。有机会能跟您合作，向您学习，是我们万分的荣幸。"杨铄今表达了对游老师万分的景仰。

"我们要做，就要做属于我们特色的内容。要用作品说话！

我认为，草根的特点一定要幽默而搞笑，但不是咯吱人的那种搞笑。就像是喜剧，要讲究逻辑。现在许多草台班子真是为了搞笑而搞笑，什么乱七八糟的话都能说得出口！像卓别林大师的作品，就是幽默的极致，而且都是原创的，艺贵创新！自媒体也要不断创新！

另外，草根的作品要通俗但是不庸俗。

咱们要做的作品，一定是要大家都看得懂，简约而不简单。现在市面上有一些所谓的自己标榜自己是艺术家的人，拍了一些大众都看不懂的作品，形式大于内容。咱们在通俗的基础之上，千万不要沦于庸俗，为了点击量吸引眼球而去做一些难以入目的作品。更不能为了图所谓的创新，而创作一些关于残疾人的玩笑当成作品。我们要做有思想，有见地的艺术团队。

我们坚持中央实验话剧院的建院方针，就是'集合一批有共同理想，在创作上有共同语言的人，在一起做一些有意义的事情！'在这样的指导思想下，做我们的自媒体，我相信，一定会做好！"

游老师对自媒体的这番话语，让与会人员，看到了一个有可能是世界上年纪最大的自媒体人对自媒体的想法。这份看法中，他接纳了新时代的产物，坚持的则是心中那份对艺术的态度。

这位八十多岁的老人用一颗包容的心态接纳着新生事物，新世界的大门又一次成功开启。李克强总理不断在强调互联网加的理念。游老师立即把握社会发展的方向，开始研究。

他开始琢磨着怎么把话剧和互联网结合起来，他期待话剧有更多元化的发展。

辟谣

2016年4月份，好多圈内的朋友纷纷给我发来微信，询问老爷子的身体情况，我很纳闷：游老师身体好好的，怎么大家突然都关心起这个呢？

我上网一搜，不搜不知道，一搜吓一跳，原来某家媒体发了一篇名为《"济公"游本昌84岁晚景凄凉住进养老院》的文章，引发了大家的热切关注。

别人不知道，但是我们团队内部很清楚，游老师进养老院纯粹就是为了体验生活，哪里有什么晚景凄凉一说。但是谣言却在网上引起轩然大波，把游老师弄得哭笑不得。突然间，大家有了一个想法，先前就打算让游老师做自媒体的，何不趁此机会，用自媒体的方式来做一个辟谣呢？

这个想法得到了大家的认同！说干就干！游老师开始构思一段独白，把这件事情的前因后果跟网民们娓娓道来。

拍摄当天，我拿着手机坐在游老师对面。

镜头前，游老师拿着一份报纸，凄凉地朗读了起来。

"诸位，我就是那个前些天，4月5日11点43分，头条新闻里说的那个，济公游本昌，84岁，住进了养老院，而且晚景悲凉，没人照顾啊……"

游老师直接用演的方式，把自己演绎成一名真的"晚景悲凉"的老人在诉说自己的故事。

突然，他话锋一转！画风变得太快，"哈哈哈，这根本不是我，跟大家开个玩笑啊。"

网上都炸了，网友们也都乐了，不愧是老戏骨，竟然用这种别开生面的方式辟谣。

镜头前的游老师精神矍铄，总算让万千网友放下了悬着的心。

"这个消息还真有点爆炸性，首先就在我家里爆炸了。"游老师在镜头前表示，"现在互联网上许多真真假假的消息都混在一起了，一笑而过就好了。但是这次事情没想到的是，这条新闻竟然有15万多的网友跟帖。自己正在演话剧，15万网友要都是我自己粉丝的话，自己可以演150多场。简直太了不起啦！这是我的幸福！有谁能引起网上这么大关注啊！"

游老师的这条视频，在短短的一天时间内，在网上就引起轩然大波，点击量突破了千万！老爷子一不小心成了网络红人。

不少网友看到视频后，知道游老师身体还那么好，都纷纷祝老人家身体健康！

最后，一开始发出新闻稿的媒体也派负责人来找游老师道歉，并表示以后发表新闻一定会严格核对，避免这样的事情再发生。

—— 毕业 60 周年同学会 ——

你毕业 60 年的时候，那时你会做些什么？

游老师的回答是："我依旧还在工作，从事着我热爱的职业。"

2016 年 5 月，我陪着游老师回到上海戏剧学院，参加一次非常特殊的活动——毕业 60 周年的同学会。

那天早晨，游老师让我去买了三束鲜花，一束献给李叔同先生的塑像，一束献给熊佛西院长的塑像，一束献给朱端钧教务长的塑像。

游老师抱着花，漫步在上戏的校园，迎面走来一位白发苍苍的奶奶，她突然开口说了一句："本昌！"

一个高八度的声音。这世上估计没几个人可以在游老师面前直呼他的名字。这句话里带有一种不一样的味道。

"啊！是你啊！"游老师惊喜地回应。

原来是游老师的同班同学。见到了几十年未见的老同学，奶奶一见面眼泪就掉下来了。

游老师陆续和同学们相聚，著名话剧表演艺术家娄际成也是游老师的同班同学，那几天，娄老师一直在医院住院养病，但是那一天同学会，娄老师从医院偷跑出来，就为了时隔多年，能跟同学们再聚首。

大家坐在一起，两鬓苍苍的昔日同窗们互相聊天，劲头似乎跟当年没什么区别。游老师甚至趴在桌子上聆听对面同学讲话,他不再像个老师,而像个学生。

一行人来到草地,一起种下一棵树。树的旁边有一尊小的塑像,塑像是鸟妈妈带着几只小鸟。游老师蹲下来抚摸小鸟的塑像说:"这就是我们的老师,这些小鸟就是我们这些学生。"随后,大家一起来到朱瑞钧教务长的塑像前,向教务长致敬。有一些同学含着热泪走向前,向朱教务长深鞠一躬,抬头的时候,没有忍住,放声大哭起来:"老师,我们来看您了。当年您总在我面前骂我,后来我才知道,您总在别人面前夸我。老师,我没有让您失望,我没有放弃自己表演的梦想。今天我代表我自己还有王娜来看您了。王娜临走的时候还忘不了老师,忘不了母校。谢谢您,老师,谢谢您!"

众人难舍难分,依依惜别。游老师感伤道:"毕业60年的同学会,大家都在这儿,能来的,都来了。再过三年五年,我们还能不能聚齐,就看我们的福报了。"

他在回家的路上做了一个决定,希望在年底的时候,带着《最后之胜利》重回母校,作为毕业六十年的"汇报"演出。以这样的方式,再次跟母校和同学们见面。

往事难回首,世界上最难讲的是光阴的故事,这里面所蕴含的内容或许只有当事人自己到了那个年岁才能身心俱知,而局外的人只能遥遥观望,为那些先行的前辈寄予最美好的祝愿。

—— 微博超级红人节 ——

2016年6月，游老师被网友们评选为微博红人，受邀到上海参加颁奖。

微博超级红人节在上海世博中心举行。

游老师在走红地毯的时候，他的尖叫声是最多的。他一登场，所有人都举起了手机。

他是当晚最闪亮的一颗明星。

谈到网上大火的papi酱，游老师打开了话匣子，笑称："我认识她，不过我不能保证她认识我，因为她是中戏表演系研究生，她的学历比我高，我只是本科。除了实力，应该说她的命运也比较好，因为干这行有一个很重要的条件，一个是要有才华，一个就是要劳动，一个就是机遇，过去讲天才、劳动、机遇，三者缺一不可，很多人有才华很努力，但是就是没有机遇。papi酱过了25岁就能够有这么一个机会，那是很幸运的，有平台欣赏她、发现她，有了机遇，她所有的才华就爆发出来了。很多人的才华在网上得到了很好的展示，这是一个非常好的平台，比我们当年好太多啦。"

有意思的是，当天主办方正好就安排了papi酱坐在游老师身边，两人畅聊了一晚上。

永远保持一颗年轻的心

　　结束当晚的颁奖，回到酒店之后，游老师跟我开玩笑说："你过来看看，这个奖杯是不是很有意思。它的上面很重，但是下面很轻。这就是网络红人的象征，它是不是想告诉网络红人们，成名之后切记要打好基础，不要头重脚轻啊。"

　　我和老师四目相对，哈哈大笑。真是佩服游老师这天马行空的想象力！

网络红人

应广大网友的要求，游老师在家里自拍自唱起了经典的《济公歌》，并在微博上写道："贫僧也来凑热闹，原版济公唱《济公歌》，济公的嗓子因为喝酒吃肉有点上火，各位凑合听吧！"

在表演的时候，游老师歪戴棒球帽，又唱又演，魅力十足，非常搞笑，马上就让大家想起了童年坐在电视机前看《济公》的回忆。

看到游老师在网上如此跟大家互动，网友说："游老爷子简直就是年龄最大的网红！"

后来，游老师还发了许多的视频，包括在家里自导自演，在六一儿童节那天录制《卖报歌》……甚至在视频当中频频出镜的狗狗，也成了网友们侃侃而谈的对象。

虽然游老师已经八十几岁了，但是对于他来说，玩微博、刷微信都是非常热衷的事情。他在各种社交APP上记录了他平时生活、工作中的点点滴滴；有时还与粉丝互动，回答关于表演艺术的问题；他每时每刻都在拉近跟观众的距离。

游老师在网上的活跃，吸引了一大批年轻人的关注。现在，游老师的微博粉丝数已经突破了56万，用网络话语来讲，是一个大v，拥有了一批忠实的粉丝，每条微博都会有几百条转发和留言。

在一个安静的下午，游老师一边刷着微博一边笑着对我说："晋杭啊，为了回应网上的谣言，我录了一个小视频，效果让我大感意外。就这样，我也进入了互联网，这对我来说是一个全新的领域。

我为什么要进入互联网呢？因为我从来都喜欢试新、创新。我们要表人所未表，演人所未演，这是老院长欧阳予倩给我们的教诲。

这次互联网上那么多年轻人关注我，给予我极大的鼓舞，我也特别感动。因为我也是'80后'了。我从来都喜欢跟青年人甚至少年朋友打交道。

我是一个30年代出生的人，小时候经历过租界，经历过旧社会，然后迎接了解放，成为国家培养的第一代文艺工作者。我现在84岁了，我觉得我还有能力，所以我想回报给国家和人民。"

—— 艺无止境 ——

2016年12月4日,在上海静安寺演出结束后的聚餐中,乐嘉问游老师:"您觉得如果现在再让您回去演济公的话,是不是可以演得更好?"

"那当然啦!我觉得可以演得更好!而且有很多的地方,我有新的想法,我完全可以超越自己。只是现在体能不一定能跟得上啦!"

有一次在排练厅排一段戏,前后不到20秒的内容,游老师就让演员们弄了一个下午。韩超、剑光还有我,三个人直接崩溃了,连哭的力气都没有。

"难道你们就这一种演法吗?再想!想不出来就不要休息!"

看到游老师的愤怒,我们三个年轻人连气儿都不敢喘。

"你们不能总是演一个片段只有一种演法,你们要向黄渤学习,我跟他合作的时候,人家每次演一个场景,都会拿出七八种方案,然后让我们挑一种最好的。"我们的导演查文白说。

看我们被导演批评得说不出话来,游老师补充道:"演员就是挨骂的职业。我太喜欢导演骂我啦,他要是能骂到我的要害,这是在帮助我进步啊。我们不要企图被表扬,这样你反而是在被伤害。"

所有外在的批评和挫折都在考验你。有些人表面上是在批评你，其实他心里是希望你能扛得住这次打击！"

游老师常说："剧本是越挖越有泉！这一点上，我们要跟相声演员学习，人家同样一句话有十几种说法，怎么说才能更有效果，都是需要反复揣摩的。"游老师的案头工作都是堆得满满的。他在戏剧舞台上说出来的一两句话，都不是简单说的，而是从 100 句准备过的话里面挑选出来的。

上海静安寺那天晚上，乐嘉还问了游老师另外一个问题："您觉得自己的表演在哪个阶段是最好的？"

"现在！"游老师不假思索地回答。

一个人在什么情况下才会经常怀念自己的过去? 大部分情况下，都是觉得自己现在过得不好。有很多人怀念自己的 18 岁，是因为觉得自己的现在过得没 18 岁美好。有一位作者，每一次都能出百万级的畅销书，记者问他哪一本是写得最棒的，他总是会说：下一本。

这种状态不仅是对自己的自信，更是对自己未来努力的一种勉励，艺无止境啊！

—— 致敬老师 ——

2016年，在游本昌艺术团的年会上，每位成员都上台分享了自己的感受，最后都把落点落在感谢游老师的栽培上。

彼时彼刻，游老师想起了他自己的老师。

"老师就是传承，我感谢我的老师，大家在感谢我的时候，我想起了我的老师。

我最好的时候就是在50年代，被国家培养，进文工团，获奖，进剧院，跟着孙维世导演，我非常幸福。我们心甘情愿地把一辈子都交给她。

孙维世开心的时候，在门口都能听到她在屋里面的笑声，**如果你对艺术不真诚，她能直接把剧本甩到你的脸上！**

孙维世对我非常关注，当时《大雷雨》，五幕戏，我演的是一个龙套。下班之后，孙维世跟我说：'明天看你的鲍里斯。'那天我是既兴奋又紧张啊，在什刹海旁边的一个晚上，我全部拿下！虽然最后我没有去演这个角色，但是那段快乐的回忆，我终生难忘。

有些道理，我到现在还不能完全明白和参悟。但是一路上，我收获了能量。所以你只需要在这个探索的路上去前行，你就会获得很多能量。

这些年，我跟大家讲的都是我的老师讲给我的，经过这几十年，我经过自己的实践，确实有用。**很多人都叫我表演大师，我真的不是大师，我只是大师的学生。"**

游老师说到这里，流下了眼泪。

"我现在跟大家说孙维世，以后你们跟你们的孩子说游本昌的时候，会是一种什么样的感觉？

今天早上我一直在想一个问题，如果我游本昌今天不在现场，会是一番什么样的景象，我看到——你们接棒了！

我希望百年之后，别人问你们关于游本昌的故事的时候，你们也是快乐的。"

很多人说艺术团的这些年轻人很厉害，其实是因为背后的老师很厉害。能有幸跟着这样德艺双馨的艺术家一起工作，我们感受最深的一句话是：我们以为我们已经到了我们的极限，但其实这只是游老师的起点。

2017年教师节早晨，游老师开心地跟我说："你知道今天谁是第一个给我发教师节短信的吗？是我很早的一位学生，顾威，他今年也80岁啦！"

顾威是北京人民艺术剧院的著名导演，所导演的话剧获得了国内许多大奖。顾威无疑给晚辈们立下了一个非常好的标杆，让他们继续攀登，把老师教的东西，更好地传承下去，既要做一个好学生，更要在以后做一个好老师。

—— 艺术家的高度 ——

"老杜,我有一天,也想像游老师一样,成为一个艺术家。"我对艺术团的舞台监督杜昀川说。

杜昀川微微一笑:"那些被人称为艺术家的人,一开始并不是想要做艺术家,而是他们就是喜欢自己的事业,认真苦干。做出一番事业之后,别人才把他们称为艺术家。只是现在太多人本末倒置,空有当艺术家的想法,没有愿意沉下心来研究的精神。"

真正的艺术家和大师应该关心当下的人文,关心人民的生活,并且得具备极高的修养和大爱的精神。

2016年年底,游老师去参加安徽卫视的国剧盛典,主持人在开场介绍了几十位明星的名字,只有念到游老师的时候,游老师站起来鞠躬。结果,视频一播出,上了微博热搜,大家都称赞游老师的艺术精神。他得知此事后,只是说:"**这是应该的,观众在我们心中应该是最高的位置。**"

游老师之所以会是现在的游老师,源于他拼搏奋斗的态度。当年在学校三年半没开窍,当年在话剧院被压制,当年办公司亏本……这些经历都不是游老师能在课堂上学到的,而是真真切切自己一把辛酸一把泪体会到的。但这些挫折和磨难并没有击垮他,反而让他愈战愈勇:"**只要精神不滑坡,办法总比困**

难多。做艺术的，要耐得住寂寞。"

20 年过去了，还是有许多的媒体会问为什么游老师当年会愿意投入几百万做一部赔本的哑剧。

他总是笑着说："钱是拿来干吗的? 钱是拿来做事的啊。**我们应该站在比钱更高的的角度来做事情**，绝不只是说赔钱或者赚钱的概念，我拿钱来做了事情，这个事情以后是会起作用的! 我觉得我为中国的哑剧献出了一份力量。我希望能够为世人留下一点资料。"

—— 文化部宣讲 ——

2017年3月23日，游老师参加了文化部主办的艺术家"畅谈十八大以来变化、展望十九大胜利召开"宣讲会。

与往常参加讲座的方式不同的是，游老师带着茗山长老亲笔题的"以文艺化导人心"。

此次会议，开讲的除了有游老师之外，还有彭清一老师以及李光曦老师。游老师主要讲了自己从事艺术方面的心得，重点谈了如何以文艺的方式化导人心。

"早上起来的时候，我还在想今天讲什么。后来一想，在老同志面前我们都有经验了。

今天到这，给老大哥老大姐们，还有我们三位老同志，问好。李光曦大哥，1929年，彭清一大哥，1931年，我是1933年，我是小老弟了。今天在座的有很多都是从新中国成立前工作到现在的。所以我们聊的一些话题，相信大家都会有很多感受。

十八大以来，可以说发生了许多惊心动魄的事件。我们都经历了'四人帮'，那是我们最黑暗的年代，粉碎他们后，对我们来说是第二次解放，我们都在天安门广场大扭秧歌。

拿我来说，我经历了1949年的解放，我当时是一个中学生，一解放，真是明朗的天。那时起我就开始演戏了，受国家的培养，拿着人民助学金，上了大学，对我来说，只能是不断感恩。

拿我个人来讲，在 1983 年以前，我一直没有戏演，单位一直把我放在那里。周总理说了，道路是自己选择的，活到老，学到老，干到老。所以我就在 1983 年，拼死拼活搞了一台哑剧。哑剧困难重重。可喜的是，1984 年，我因为哑剧的节目上了春晚，上了春晚后我的事儿就多起来了。后来再演了济公，1986 年开始，全国巡演。各个地区，各个民族，都非常喜欢这个形象。我们去了一次西藏，1991 年去西藏，在这之前，《济公》要不要往下拍，我们个人是没有权的，权力在电视台那里，电视台见好就收，可是老百姓很想看。1991 年，在西藏 4500 米的高原上，两个藏族的小朋友给我献了一条小哈达。说 6 集济公没有看够。我接受了两个小孩子的请求，回来之后就开始做新的济公电视剧，组织了剧本创作，经历了许多困难，后来，20 集的济公就诞生了。济公出来后，我们积累了 200 万。当时拿着这 200 万，我做了 52 集的哑剧，后来，我的母校上海戏剧学院要了这个材料，这就是我的目的，为后来者能有一个参考。

2010 年，我们做了一台话剧《弘一法师——最后之胜利》，这部话剧写的是我们话剧创始人李叔同出家后的故事。今年是话剧在中国 110 年，1907 年，李叔同演了话剧《黑奴吁天怒》，讲的是奴隶的反抗。1956 年，是话剧运动 50 年，我们的老院长欧阳予倩，排了话剧《黑奴恨》。周总理提到过，要是曹禺和欧阳予倩将来写话剧史绝对不能忘了李叔同，周总理是有原话的，所以我想做李叔同的传记。2010 年，搞出来，没有票房，原来的作者放弃了。我们全家一致开会，都要做这个，因为意义很大，对于钱的问题，我们已经很释然了。

我提前退休，就是希望能选择我喜欢干的事业。2011年，话剧演了7场，12年演了9场。我为什么提前退休呢，因为很多人都为人民币服务了，我不敢苟同，我拍《济公》，拍哑剧，是为人民服务。十八大以后，我接到了街道给我的一个工作室。我是中央实验话剧院的演员，1956年一毕业就被分配到话剧院，话剧院的招牌还是朱德总司令写的，我们的批文是陈毅元帅批的。我们话剧院的理想通俗来讲是'集合一批有共同理想，在创作上有共同语言的人，到一起来，干一点令人难忘的事情'。就是弘扬真善美，弘扬正能量。

2012年，十八大以后，我们增长了信心，找到了自己的道路和方向，我们自己租剧场演出。

我当时也纳闷，这些剧场当时都是我们人民的钱盖起来的呀，为什么现在那么高的场租，那么高的票价，人民都进不去了。十八大以后，我们找到了一条新路，以类似慈善的方式演出，并且在仁人志士那里得到了一些支持。2013年，我们完成了在台湾的演出，文化部带队，我们没有要文化部一分钱，完全是我们自筹的。去了台湾，有人认为我们是佛教戏，其实非也，弘一大师是李叔同最后的选择，他出家是在1918年，他参加了辛亥革命，1919年新文化运动，1921年党成立，在抗战时期，1938年，他写下了最后之胜利，我觉得他是爱国的，这个戏的高潮就是唱义勇军进行曲，我们把义勇军进行曲唱到了许多地方，香港，新加坡，加拿大，意大利。我们不是一个宗教戏。

而且这个戏是反映什么呢？这个戏演了111场，我们没有申请到艺术基金，我们街道支持我们成立"游本昌艺术团"。而且我们话剧宣传的正是中央文件所提出的'自我净化，自我完善，自我革新，自我提高'的精神。所以我坚持演出这部话剧。

十八大意味着什么？

那一天，新的党中央跟我们见面。

以习近平总书记为核心的党中央令人兴奋！尤其是习近平总书记的讲话，脱稿，自由发言讲话：人民对美好生活的向往，就是我们的奋斗目标。

周总理在走之前，最后一次报告，用生命在宣誓四个现代化。现在习主席，不是做报告，而是侃侃而谈，亲切，温暖，看他一片公心，以人民的希望为希望，以人民的要求为要求，这就是十八大给我们最新的影响，从此之后，国家迎来新气象。

十八大以来的新气象，对我这个退休的人来说，就是希望能一直干到底。

我在艺术团，就跟我们剧团的年轻人说，我们剧团的'游'，就是游走人间，'本'，本愿为民，'昌'，昌达十方，'艺'，艺源于心，'术'，术精于勤，'团'，团结奋进。所以2014年文艺座谈会，我一看这个消息，我就觉得对我们文艺界来说真好。指出来文艺界的毛病，问题在哪里，应该怎么样。我们从荧屏上就能看到变化，那些乌七八糟的东西，那些害人的东西，越来越少。

影视作品有三种，一种是白开水，一种是牛奶，一种是毒药。

白开水就是一般般的作品，虽然没什么营养但是还能解渴。牛奶就是有营

养的文化作品，能教化人心。我们最不能碰的就是毒药，让人看了之后起贪嗔痴的念头。

有一件事情很冲击我们，天津有一位 14 岁的青年杀人。他拿铁锤把邻居大叔砸死了，而且制造了假现场，一个月都没有破案，这个孩子告诉妈妈，'这事儿是我干的。'他妈吓坏了，赶紧带他去公安局自首。公安局问他，你干吗要这样，他说，我要考验一下公安人员的破案能力，哎哟。你跟谁学的啊，他说电视上。

我看到这一则新闻的时候真是心痛不已！为什么现在的影视作品都把人引导到这个方面了。所以我们在说别人之前，自己更要做好工作。我在我们剧团里，就是倡导，我们要做牛奶般的作品，实在不行，也要做一杯白开水，坚决不能做毒药！

所以今天，我带了一块牌匾，1998年，佛协的高僧给我写的。这个我带到过王刚的传家宝的节目上，很多人带了奇珍异宝，我就带了这幅字，'以文艺化导人心'。

去年，我们演了100多场之后，以艺导心，以文化人，以文艺化导人心，我们非常幸福。我每天都要在电视里看新闻，直接接受习主席的精神，我们不需要一层层传达了，我们直接从讲话里头得到精神，为人民服务没错，我们深感幸福，我们深感解放，所以迎接十九大还有问题吗？

现在，习主席的领导力使得中国在几年时间里就有国际领导力了。他是为了创造人类命运共同体啊。这不就是我们的初心嘛，为全人类谋福祉。我们话剧的说明书，有一篇缘起心语：'弘一法师是一座超越了李叔同的精神高峰，只要用心攀登，总能有新的领悟。他是在大师身上凝聚了严格的自律精神，高洁的晚晴精神，对年青一代诲人不倦的教化精神，对日寇不惜以身相殉的爱国精神，都是极具现实意义的。作为戏剧工作者，矗立在我们心中的使命就是要：为人类提供正确的精神指引和强大的精神动力。'

我们将为此，继续前行。我们就是要以这样的精神，为人民服务，像周总理那样，鞠躬尽瘁，死而后已。今天我们就要以习主席对我们的号召，撸起袖子加油干，退而不休，心灵永远阳光，以阳光精神迎接十九大，我们就在自己所在地区，为周围的百姓服务，是完全能做到的。"

—— 签一个名，十分钟 ——

签名对于演员来说是一种荣耀，对于粉丝来说，是一种惊喜。

一群人围着明星，明星赶着时间一个个草草签过去，大家欢呼雀跃。

在游老师这里，签名却有新的意义。

在扬州巡演时，像往常一样，熙熙攘攘的人群散去后，游老师一行人回到酒店，我手上抱着主办方订的十几本弘一法师的大传，准备给游老师签名。

游老师脱去外衣，喝了口水，稳稳地端坐桌前。他拿起笔，掀开书的封面，我以为这一套动作前后完成的时间应该不会超过10秒钟，结果出乎意料，**签一个名超过了10分钟！**

什么? 签一个名签了10分钟? 对! 没错，10分钟！

游老师先是问这一本书是签给谁的，他叫什么，什么职业背景。我一一如实回答，之后，游老师进入了思考状态。明星给别人签字的状态我见得太多了，可是没见过有谁签名还需要思考的。

游老师左思右想，提笔落笔，终于找到一个最合适的状态，签下了"抱无常心，结欢喜缘分"，然后在旁边签上自己的名字和日期。

这本书要送给主办方的经理，游老师知道经理日常工作中要面临许多的人际关系，四面八方都要照顾，难免会有情绪，所以游老师让他抱着一颗世事无常的心态，广结身边的欢喜缘分。

签完第一本之后，我看时间不早了，今天游老师演出很辛苦，明天还有演出的安排，想让游老师早点休息。

"老师，时候不早了，还有十几本书呢，您就随便签一下吧！"
游老师低了十几分钟的头抬了起来，面带责怪："**能随便吗？！**"
我一脸尴尬。

"我费会儿脑子，是要影响他一生的。这句话，给人家一种力量。咱们的举手之劳，别人可能会记住一辈子。再说，大家愿意跟我们结缘，是我们的福报，我们怎么能随随便便就签呢。"

游老师的一席话让我如梦初醒，当晚演出后的疲惫瞬间褪去。我陪着游老师继续在房间里签名，十几本书，游老师签了四十分钟左右。

游思涵经常喜欢拿游老师是"处女座"开玩笑，觉得处女座做什么事情都追求完美。游老师的行事风格不仅仅是处女座对细节的追求，更多的是游老师作为一个艺术家的修养。

明星和艺术家的区别，不仅在艺术造诣上有区别，生活细节中更能见高下。

一位艺术家他不仅工作是认真的，就连签名也是认真的，甚至是艺术的。

确切来说，游老师签名和其他人签完全不一样，他都已经不是在签名了，而是在寄语。只要时间允许，游老师都不会推辞。

第二天吃饭时，我问游老师：

"有一些人让您签字是非常虔诚希望得到您的鼓励的，但也有一些人是随波逐流凑热闹的。像这样的您也要花心思吗？"

"不管他是属于哪一种的，至少咱们给签了字，他此时此刻是高兴的。众生欢喜佛欢喜。他能跟我们有交集就是与我们有缘。而且这些话甚至有可能影响他一辈子，我们怎么能懈怠呢？"

—— 卖别墅，做话剧 ——

新闻上，一位 90 后问马云："如用我的青春换你的全部财富，你愿意吗？"马云欣然同意。

他回答："财富没了可以再挣，但青春一去不回，我眼中的财富只是社会委托我们来管理，我有这部分的责任，一旦你认为钱是自己的，倒霉就开始了！"

游老师听完这则新闻，哈哈大笑："这就对啦！"

他对于金钱一直都是那么洒脱。

在外人看来，游老师一直都特立独行。八十岁了，还有自己的梦想，八十岁了还能为了自己的梦想把别墅给卖了。

为了能够有足够的钱开展新一轮的话剧筹备工作，游老师把别墅给卖了。这个决定，全家人都举手支持，这么多年来，都是全家人陪着游老师奋斗在工作的前线，尤其是游老师的夫人杨阿姨，她是艺术团的监制，女儿游思涵是艺术团的编剧，全家人都坚持义演，一分不收。

游老师是一个"矛盾"的人，又慷慨，又节省。在个人生活上他能省则省，从不铺张浪费。但是凡是能够帮助别人或者事关理想的事，他又毫不吝啬，尽己所能。

游老师说："我是清贵命，不是富贵命。没有大富大贵的家业，但是我一生清清白白。钱财什么的，都是身外之物，能够为大家服务才是我们的福气。我是最幸福的演员，假如我不能演戏了，你就算给我 100 亿，我都不快乐。"

——"与自己的无知做斗争"——

游思涵身兼艺术团的编剧和制作人,因为年纪更轻,所以思考问题的方向和游老师经常会有出入,游老师思考问题更多是从演员的角度出发,俩人经常在讨论中有头脑风暴。

游老师经常如数家珍地把自己当年在中央实验话剧院的故事耐心地、一遍遍地跟学生们传授,以此把学生们往一个好的方向引导,巩固认知。思涵则认为,在某些时候,不需要太多过程,得直奔主题,直接出结果是最重要的。由于俩人经常性的"互怼",所以,游老师后来开始讲话之前总会开玩笑说自己又要"老生常谈"了。

老生常谈这个词在字典里的解释是:老书生经常说的话。比喻人们听惯了的没有新鲜意思的话。

那游老师的话到底是不是老生常谈呢?

天天都给学生们传播一套言论,学生当然会觉得没有新鲜感。但是在老师眼里,他传播给学生的永远都是他多年经验的积累。

不同年龄阶段和不同悟性阶段,人们在听到一段话的时候,感受是不一样的。

比如2013年,当我跟游老师刚接触的时候,游老师说过:**难行能行,难忍能忍。**

我当时理解的是:这条路虽然不好走,但是又有什么选择呢,总不能这样放弃吧?所以再难行也走,再难忍也要忍。

随着我跟游老师在一起时间的增多,我对这句话有了新的理解:这条路虽然不好走,为了结果和利益可以忍一忍。为了达到目的,也必须忍一忍。这个理解相对于第一个阶段来说,一个是无奈接受的,第二个是有目的地奋斗。

随着我跟游老师经历了更多的人事沧桑,我才又渐渐领悟到了游老师这句话的另外一个含义:只要朝着目标去,一切的痛苦和挫折都不是问题,都无法击溃你坚定的斗志。

这一句话,在三个阶段,有三段不同的理解和感悟。

所谓老生常谈,并不是真正的老生常谈,听者对于谈者,能否理解到他想表达的真正涵义,才是这句话的真谛。不同的人对同样的话会有不同的感受,游老师的话里饱含的是他对人生的体悟,而听者应该认真去思考他的用心。就像游老师说的一样:"人啊!要与自己的无知做斗争!"

一个大家庭

游老师以他的角色影响了许许多多的人，但他对自己身边人的影响，更直接，更深远。

演员金铂林，2013年曾来到艺术团演话剧，后来因为事业上的一些选择，他加入了一家文化公司，拿着远远高于剧组的收入，享受着许多的风光。但半年后，他又回到了游老师身边，毅然决然放弃副总经理的位置。他说："游老师这里是一片净土，我希望能继续回来成长，我出去的这段时间，退步了很多。在外面经常都是谈一些利益上的话题，唯有老师这里，我才能更好地成长。"

艺术团的青年女演员邹燕，在游老师身边演了两年戏之后，演技有了明显的进步，受到许多影视剧组的邀请。有一次，某个网络电影想邀请她演公主，给的报酬很可观。邹燕一看剧本，原来是让她演一个杀人魔公主，她想都没想，坚决把对方拒绝了。如果在以前，她可能会认为无所谓，反正都是演戏，但是现在，她谨记游老师的教导，有所为，有所不为。

李明轩以前是一名脱口秀女演员，来到游老师身边之后，她的自信心有了很大的提升。有一次，游老师团队在讨论把《最后之胜利》这部话剧改成电影，讨论到可能会邀请一些知名女演员来与游老师配戏。明轩听到后，说："我希望到时候能跟那些知名女演员竞争一下角色，也许我不行，但至少给我一次尝试的机会！"

游老师给大家带来的积极影响太多了，最著名的是"朝阳门硝烟"。

以前，田垄、韩超、安剑光都有不同程度的烟瘾，游老师对此颇有意见，既然大家都住在朝阳门，那就来一场"朝阳门硝烟"，勒令他们把烟给戒了，从此剧组再也没有烟头了。

有一次在某剧场巡演，有工作人员问："刚在外面捡到一个烟头，你们剧组谁抽烟了？"

查导说："我们剧组没人抽烟。"

后来导演回到后台跟演员们分享他的感受："在那一刻，感觉自己特别自豪。"
……

当一个团队的成员看上去都像一个人，说的都是同一种语言，行为都是一致的时候，那这个团队在执行力上就相当震撼了，确切地说，这已经不是一个团队，而是命运共同体，是一个大家庭。

有一次游老师拿出他从加拿大买回来的巧克力给我看，问："漂亮不漂亮？"

我说："漂亮！我们把它吃了吧！"

"舍不得吃，过两天大家上家里聚会，等大家都到齐了，再一起吃。"

这就是可爱的游老师。

—— 成长，不是自己的事情 ——

某一天晚上，我的朋友在微信上推荐我去上一个他很认可的课程。

"晋杭，你要做回你自己。你是非常有活力的，但是你现在的状态特别像游老师。"

这句话让我一下子愣住了。

他接着说："我觉得我现在的老师更适合你。我跟你推荐的绝对不会有错。我觉得你应该活成你这个年龄该有的样子。

你每天工作那么努力，但是现在取得了什么结果（物质）吗？你在表演上有什么重大突破吗？为什么要把自己活得像个老头子呢？阳光帅气的样子才是你啊。你是不是修错了？

我很尊重游老师，但是我们不要过于崇拜大师。他们是不是有时候也在用自己认为对的，但是却不适合对方的方式在训练对方呢？"

我陷入了良久的沉默和深深的自责。明明是自己实力有问题，但是为什么却给外界带来一种"我的老师训练水平不行"的感觉呢？听到这样的话，我感觉到无助以及失望。

我以前总跟朋友说："成长是自己的事情，与他人无关。"刚才那一通电话让我扎心了，让我思考了很多。"成长怎么可能只是自己的事情，它背后关乎太多的投入和期许了。"

怎么可能在游老师身边没学到东西呢？游老师对我最大的帮助，不是给钱和机会，而是把自己的时间、精力、资源、信任大量地、持续地投入到我这个学生身上，并且参与了我的成长。可是因为自己天资愚钝，自己一直进步缓慢，甚至原地踏步。

若干年后，我可能依旧成长不大，突破不大，那大家会笑我平庸吗？不会！因为大家没有时间和心情去关注我。大家只可能会嘲笑曾经投入时间在我身上的老师。无非是两点。第一，训练方式有问题，固执得用自己认为对的方式训练，结果害得学生一事无成。第二，老师判断出现了失误，找了一个毫无潜力，毫无未来的人，投入精力去培养，到头来才发现自己竹篮打水。

世界上，很多事情都可以重新再来，但是时间却是不可再来的。它的不可逆转注定了很多事情的残酷性。

我冷静下来，回顾了自己这些年的成长，才发现，跟游老师的栽培比起来，我的成长速度实在是惨不忍睹！

我从 2012 年开始就一直跟随游老师学习。游老师给了他很多的指导，并且不断拉升我的格局。可是，我自己很不争气，一直飘着，没有在表演上取得很大的突破。但是游老师每次依旧都表扬我，鼓励我，希望我能再进一步。但是我总是看起来很努力，只想着自己达到 60 分及格线，而没有那种争取 100 分的进取心。以我的努力程度，根本没有资格说"我有进步了"这种话。

我一直想着顺其自然，但是当我今天听到自己朋友对老师的评价，我的内心起了波澜。

"对不起，是我没有教好你，是我无能。"

游老师的话在我的脑海里又回响起来，我感到深深的自责，我以前没有很好地理解这句话，但是当今天自己的朋友说出来那一番言论之后，我终于崩溃了，为自己的不争气而抱歉，为让自己的老师蒙受误解而自责。

　　我突然觉得自己在一瞬间长大了，是的，成长，不是自己的事情，是家人的事情，是老师的事情，成长，得自己争气，不该因为自己的差劲而让师长亲友被别人误解，而是应该让他们因为自己的成长而感到荣耀！

——"贵重物品，交由你保管"——

艺术团有一次在汕头演出，游老师中午突然给我打电话："晋杭，我昨天拿给你的剃须刀，你有没有帮我放进包里？我怎么找不到了？"接到游老师的电话，我第一时间赶紧让剧场的同事帮忙找一下，没有找到。

随后，我自己去了剧场，调了监控，但还是没有看到。最后，我问遍了大楼的所有保安和保洁，都没有发现剃须刀的下落。我只能带着满满的歉意跟游老师道歉。那把剃须刀游老师非常喜欢，是在迪拜机场花了7000元买的，游老师一直带在身边。

游老师低着头，沉默了许久，说了一句："你的事情太多了，不够专注。"

我跟随游老师这么多年，这是第一次把老师的物品弄丢，我的内心充满深深的自责。我跟游思涵说："我想给老师买一把同款新的剃须刀。"思涵让我别着急，等回酒店再找找。

"遗失"的剃须刀果然在酒店房间里，被许多杂物掩盖住。

我忐忑的内心终于放下，深深舒缓了一口气。

曾经的我，总三心二意，丢三落四，别说别人的东西，就连我自己的东西都照顾不好，所以也没有人会把东西拿给我照顾。游老师一上来就会把贵重的物品交给我来保管。我会小心翼翼地呵护，时刻提升自己的注意力，让自己致心一处。

此刻的我才明白，游老师正是通过这种方式在锻炼我的责任心。

—— 暖男 ——

一个寒冷的冬天，雾霾特别重，我一大早来到游老师家接他去外面参加活动。

"今天雾霾那么大，你怎么能不戴口罩呢？"游老师问。
"我习惯了！"我说。
"这怎么能习惯呢？！"
来到楼下，我直奔早已停在马路旁活动组的商务车，准备给游老师开门。一回头，人不见了。我远远看他拐弯去了旁边的药店，我赶忙追了过去……

游老师买了口罩，直接塞到了我手上："快戴上！"其他一句多余的话也没说，就钻进了车。

上午活动结束后，我在游老师家吃饭，饭后困了，我就在客厅的摇椅上看了会儿报纸，不知不觉睡着了……

我当时睡得比较浅，但是还能感受到客厅有人走动，我感觉有一个脚步慢慢靠近了我，往我身上盖了一件外套，我微微睁开眼睛，看到了游老师转身的背影。

这本该是我为游老师做的，现在反而倒过来了，我心头一下子涌出一阵暖意。

当天晚上，我俩又出去参加活动，回来的时候已经十一点了。我们乘坐电梯上了楼，出电梯的时候，游老师在电梯内按了一楼，让电梯又回到一楼。

我好奇地问为什么，游老师说："这个点了，大家基本上不出去了，坐电梯的都是回来的。大冬天的，如果电梯能在一楼，那么他们就不用在外面等太久啦。"

—— 当艺术家，不要当明星 ——

"宁可演十个角色平凡，也不如演一个角色出彩。"

当下，许多的人，都在追求当明星，演许许多多的角色，为了蹭流量，为了曝光度，忽略了自己的本职工作——演戏。也许，他们已经习惯了当一个明星，忘记了自己作为演员的职业素养。因此，游老师总是跟晚辈们强调，**不要做明星，而要做一个艺术家**。

"我们要建立一个艺术家联盟。我们不想成为明星，因为明星的理想不一定是艺术，他可能成名了赚大钱之后就去做生意了。但是艺术家的理想，就是为了艺术而奋斗。"

游老师从艺七十余年，自始至终贯穿的，仍然是他二十出头，作为一个青年话剧演员来到中央实验话剧院时，剧院首先交给他们的方针任务：

"集合一批有共同理想的、在艺术上有共同语言的艺术家，在一起创作出一些令人难忘的作品。"

游老师把剧院的方针作为自己一辈子的努力方向和艺术理想来对待。

"我觉得我这个人的特点就是实干。先不说大话，先把事情干出来再说。我的条件在现在的戏剧学院里压根都进不了门槛的，但是我愿意给自己一个拼搏的机会。"

我做的事情，没有一项是领导分配的。1983年，我都50岁了，还没有出头。我的才华和努力都有，就是没有机遇。我就做了一台哑剧。文化部部长说，'别开生面。'

我后面的济公爆发了，但是我没有轻飘飘，济公之后我才进入了艺术家的生涯。

我的人生格言就是少年队的口号：**时刻准备着**。

当年导演说，就是看了我的哑剧才觉得我适合演济公。所以我能演济公，也是我50岁之前奋斗的结果，就是自己的艺术实践给自己带来的机会。所以我明白了：你如果喜欢你的专业，不管机会来不来，你一定要时刻准备着，一定要努力干，你早晚会被发现的！"

游老师现在还要经常去上一些综艺节目，跟大家分享这一路的心路历程，他就是希望大家早点奋斗，明白道理，早点放光，不要像自己一样熬到50几岁才出来。这种经历过风浪的演员，抗压能力比一般演员都强很多！

明星演员演不好可能只是得不到各种奖项，等着被影迷苛责。但是这种奋斗型的演员，演不好就是自己受穷没饭可吃。自己逼自己必须得苦练进步，不然就是跑龙套甚至转行。

片场的压力，远远比不上生存的压力，游老师经历过几十年的风雨浪潮，这种抗压能力和表演动力不是一般人所能比拟的！

看到现在的青年演员们离演员的本质越来越远，游老师总是感到很惋惜："我们要多创新我们的节目，多做一些经典的剧目。我这个人是不保守的，很喜欢创新。现在的很多青年对待戏剧的态度都是以爱好为主，看手机的时间比看书还长，都想着当明星，可惜了那么好的条件。"

—— 演员的艺德和使命 ——

"又一个演员被'朝阳区群众'逮住了。"我高八度的尖叫把游老师吓了一跳。

我不好意思地看着游老师:"老师,这些年出现了那么多明星艺人的问题,您怎么看?"

"我们《济公游记》有个作品叫《醉官图》,一场梦。如何对待人生这场戏,是我们学表演要搞明白的问题。

现在很多人都把戏和人生当成两回事。演戏的时候装模作样,戏外却是另外一个人。

人生如戏,戏如人生。这句话虽然很多人都知道,但是很多人没有消化。

我到现在都谨记毛主席文艺座谈会上提到的'工作对象问题',就是让我们为人民服务。

你心里装着的是自己,你的格局就小,你的格局小,你就没有了使命,你就有可能为了自己的私欲,而做出一些乱七八糟的作品,陷入名利的漩涡。

我们的作品要提供给观众什么?我们要弘扬真善美,抵制假恶丑。

演好人,要让人落泪,让人们学好,自己也应该学好。演坏人,要告诉人们,不能当坏人。这样演坏人,我们才是完成任务。

现在演好人的人,戏外成了坏人,跑去吸毒,嫖娼了。我们不能变成这样的人,不要过这样的人生。"

有一次一位制片人说:"游老师不是艺术家,而是人民艺术家。这两者的区别就在于很多艺术家的心中装着艺术，但是游老师的心中不仅有艺术，还装着人民。"

游老师一辈子到现在，**该演的角色，贴钱都演出。不该演的剧本，给多少钱都不演**。这样的事情在游老师的身上发生过不少次了。

"我一直在思考一个整体，那就是我在这个世界存在的必要性是什么。我要为这个世界做点什么，后来确定，就是要以表演的方式。

所以你要知道我们作为演员在这个社会上起到的作用。当你感觉到累的时候，感觉想走捷径的时候，感觉想沾染习气的时候，不要忘了一开始你是为什么喜欢这个行业的。做演员，你得有艺德，你得有使命感！"

—— 公益 ——

有公益机构找到游老师，希望能给贫困的小学捐钱，安装电灯，点亮希望小学。那里的孩子们虽然学习条件艰苦，但学习热情很高。他们大多数都是孤儿，还有就是上不起学的牧民的孩子。

游老师十分感动，想全部捐款，点亮那一片区的所有小学，负责人一看，担心给老爷子添加负担，于心不忍，马上说："还是留一些机会给其他人吧。"

游老师每年都会组织剧团的成员以及发动自己微博上的粉丝，把自己不要的一些旧衣服，都汇集到一起，捐给贫困的孩子们。

有一年，游老师捐款给云南哈尼族老寨的一位84岁老人，老人家子女不在了，自己住在破烂不堪的危房里。受到游老师的捐助后，房子重新盖了，生活有了一定的改善。第二年，游老师还特地去云南山区里看她，给了她许多鼓励。

老阿婆告诉游老师，她本来已经对生活失去了信心，早就不想活了，是大家的爱让她看到了希望，让她有活到一百岁的念头，她希望游老师也能活到一百岁，最后，她把自己养的母鸡下的蛋拿出来给大家吃……

游老师说，**慈善是给我们自己种福田的机会，不是一时兴起的施舍，而是需要用慈悲心去感同身受**，只有这样才能坚持下去。

"我们对不对一个人好，经常会有一个判断，就是这个人跟我是不是有缘人，比如说血缘或者是其他的情谊缘分，对这些人好，都谈不上慈悲，因为你是有了前提条件的。真正的慈悲是对没有任何缘分的人，你也能生起慈悲心肠，就像自己住在对方的身体里，**感受对方的感受，痛苦对方的痛苦**。

受众群体本身就是有伤痕的，不要用我们所谓的热情和爱心去伤害他们，更不用带着炒作的心去消遣他们，让他们本有的伤痕更加沉重。我们要怀着一颗虔诚的慈悲心，为社会贡献自己的一份爱。"

后记

有一次，我看到有人在拍卖茗山长老的书法，我非常欢喜，因为茗山长老写给游老师的字"以文艺化导人心"是我们团队的精神支柱和座右铭，所以我非常想把这幅书法收藏回来。

来到游老师家，我就迫不及待地把这个想法告诉游老师。

游老师听完后笑了笑，然后问我："很好啊，那幅书法上都写了哪些字啊？"

我突然愣住了，因为我看到那幅字的时候，只注意到那是茗山长老写的字，但是却没有注意看上面写了什么。

游老师说："哈哈，收藏是永远都收藏不完的。很多人只把注意力放在这幅字是谁写的，或者放在这幅字的字上，但是却很少有人能把注意力放在书法的法上。

与其把这幅字请来挂在家里当摆设，不如从这幅字里，领悟长老想传递的精神。把这幅字挂在墙上，不如把这幅字挂在心上。"

这就是我们的老师，他的循循善诱总能让我们醍醐灌顶、恍然大悟。

有人问我："什么样的老师才是好老师？"

我说："听他说话，能让我迫不及待想做笔记的老师，就是好老师。"

游老师就是这样的老师，每次听他讲话，我都有想做笔记的冲动，生怕错过了什么。

写着写着，这本书就诞生了。

后期在整理文档的时候，看到一些文字，许多画面都会涌上心头，让我在电脑前湿了眼眶。

有太多感恩的话想说，三天三夜都说不完。

感恩游本昌老师，一路走来，对我们孜孜不倦的教诲，是您让我们知道，该用什么样的态度面对无常的人生。

您说过："一息尚存，坚持不懈！"这八个字一直影响着我们的人生观、价值观。

没有您的栽培，就没有今天的我们。这本书也是学生献给您最温暖的礼物，里面浓缩了您对我们的爱和教育，它将刻在我们的心上，伴我们前行。

感恩杨惠华阿姨，您是我们的贵人，贵人就是在所有人都说我们不行，甚至我们自己都觉得我们不行的时候，您说我们行，结果我们就真行的人。

每次我们这些青年演员被游老师训哭的时候，您都会走过来安慰我们。您的安慰，总能给我们莫大的鼓励。

每次您有什么好吃的，都会第一时间带过来跟我们共享。一路巡演，从国内到国外，从亚洲到欧洲，不管到哪里，您都是我们艺术团最坚强的后盾，最有力的护法。

感恩思涵姐，有时候青年演员们跟游老师和杨阿姨之间难免会有代沟，在你担任艺术团制作人的这段时间里，你起到了很好的润滑作用，你就像姐姐一样，照顾着每一个人。

在外面，你帮老师、阿姨料理了诸多闲杂事务，很多事，你宁愿自己受委屈也不会让我们受委屈。这些年，你扛了许多的压力，别人可能感受不到，但是我都记在心里。

你知道我有写日记的习惯，当你知道我经常把老师的话都记录下来时，是你第一时间鼓励我把这本书写出来，并且经常问我"书写得怎么样了？"在你一路的鞭策和帮助下，这本书才得以出版。

你是这本书最好的监制，如果没有你，也不会有这本书的出现。

我们艺术团上下对游老师一家人有着难以言表的情感。感恩游老师一家人对我们的悉心培养，我们在这里不像是一家公司，更像是一个家庭，在这里一起成长、一起付出、一起收获……

这里是人生难得的一片净土，我们必将终生铭记。

感恩查文白导演，您是一名非常专业、非常敬业的导演。每一次都会拿出高标准来要求我们的排练，在您的辛勤工作下，我们艺术团全体成员对工作始终保持着一颗崇高的敬畏心。

老杜曾经说过："每次查导在的时候，我都感觉特别踏实。"

是的，这不仅是老杜的心声，也是我们的心声。您的工作态度和所呈现的工作质量，是我们话剧得以巡演近十年，最大的保障。

最后，感恩艺术团全体兄弟姐妹们这些年对工作的付出，感恩阿云叔、菊英姐、马叔、马栗、铭罡、罗师傅、马姐、吕师傅、悦悦、老杜、漠北、苏珊、文文、小宋、小胖、小袁、王扬、赵伟、许宏、田垄、韩超、剑光、轩轩、运佳、豆豆、铂林、大崔、燕子、梓含、迪文、辰昊、小白、郑歌、杜鹏、莉君、蕾蕾、刘珂铭……

感恩大家为这份菩提事业付出的努力，在未来，让我们一起再接再厉，在游老师的带领下，继续走在"以文艺化导人心"的路上，不忘初心，砥砺前行！

游老师的学生

许晋杭

2018 年 3 月 16 日于福建晋江